LA NACIÓN CUBANA:
ESENCIA Y EXISTENCIA

COLECCIÓN FÉLIX VARELA ❾

EDICIONES UNIVERSAL, Miami, Florida, 1999

Instituto Jacques Maritain de Cuba

LA NACIÓN CUBANA: ESENCIA Y EXISTENCIA

Copyright © 1999 de cada autor
y del Instituto Jacques Maritain de Cuba

Primera edición, 1999

EDICIONES UNIVERSAL
P.O. Box 450353 (Shenandoah Station)
Miami, FL 33245-0353. USA
Tel: (305) 642-3234   Fax: (305) 642-7978
e-mail: ediciones@kampung.net
http://www.ediciones.com

Library of Congress Catalog Card No.: 99-60995
I.S.B.N.: 0-89729-897-7

Composición de textos: M.C. Salvat-Olson

Todos los derechos
son reservados. Ninguna parte de
este libro puede ser reproducida o transmitida
en ninguna forma o por ningún medio electrónico o mecánico,
incluyendo fotocopiadoras, grabadoras o sistemas computarizados,
sin el permiso por escrito del autor, excepto en el caso de
breves citas incorporadas en artículos críticos o en
revistas. Para obtener información diríjase a
Ediciones Universal.

ÍNDICE

In Memoriam: Raquel la Villa y Benigno Galnares 7

Copia del programa original de las conferencias 8-9

Nota 10

A manera de prólogo, Ena Curnow 11

La Nación: un concepto que se cuestiona, José Ignacio Rasco 13
    Comentarios de Francisco Müller 41
    Comentarios de Juan José Fernández de Castro 45

El desarrollo de las naciones modernas, Luis Gómez Domínguez .. 49

El proceso de integración de la nación cubana, Amalia Varela 73

Cuba: una nación a la deriva, Rafael Rojas 89

Jacques Maritain (1882-1973)

✝

IN MEMORIAN

Raquel la Villa
Benigno Galnares

Al publicarse este libro extrañaremos la presencia de dos queridísimos amigos y directivos de este Instituto, cuyos fallecimientos nos dejaron verdaderamente desolados. Ambos fueron fundadores de esta institución, siempre entusiastas colaboradores en todas las diversas tareas de nuestra organización. Por ello queremos dedicarles este libro como merecido homenaje, de igual manera que el Ciclo de Conferencias fue en tributo a la obra de Jorge Mañach. Vaya, pues, con nuestras oraciones, un mensaje de cariño y agradecimiento por todo cuanto hicieron, Raquel y Benigno, en pro del Instituto Jacques Maritain de Cuba.

Dedicatoria
A la memoria de Jorge Mañach
(1898-1961)

Este año el Instituto Jacques Maritain ha querido dedicar este Ciclo de Conferencias a la memoria de Jorge Mañach Robato, el gran pensador y ensayista de la Cuba Republicana, cuyo centenario de nacimiento en Sagua la Grande se conmemora en 1998.

Justamente la preocupación de Mañach por el problema de la nacionalidad lo hizo pensar muy hondo sobre nuestro país, sobre sus rasgos esenciales y sobre su misma existencia. Su tesis sonó pesimista para algunos. Para otros, una herejía patriótica. Pero todos coincidían en la necesidad de buscar mayor perfección nacional. Tal vez Mañach en esto tenía razón al clamar por "la nación que nos falta".

De todos modos, el Instituto piensa que la meditación mañachiana sobre nuestra Cuba invitó a los cubanos a repensar sobre la Isla, su historia, triunfos y frustaciones y sobre la necesidad de vertebrar un gran proyecto nacional que enrumbe nuestro destino, ahora principalmente cuando la tiranía totalitaria ha escindido la nación entre el exilio y la de intramuros.

Es un deber reflexionar acerca de lo que Cuba fue, lo que es y lo que quiere ser.

A este propósito obedece nuestro nuevo Ciclo que seguramente despertará alguna polémica entre los preocupados por estas cuestiones y que en el exilio, lejos de olvidar los destinos patrios, acaso han acentuado su fervor nacional.

Instituto Jacques Maritain
de Cuba

PRESIDENTE
José Ignacio Rasco

VICE PRESIDENTE
Uva de Aragón

SECRETARIA
Ena Curnow

VICE-SECRETARIO
Benigno Galnares

TESORERO
Pedro L. Guerra

VICE-TESORERO
Enrique Ros

DIRECTORES
Antonio Alonso Avila
Rolando Amador
Virgilio Beato
Lydia Garcés
Luis Gómez Domínguez
José M. Hernández
José B. Lacret
José Ignacio Lasaga
Carlos Luis
Alberto Müller
Francisco Müller
Rosa Leonor Whitmarsh

Instituto Jacques Maritain
de Cuba
&
Universidad de Miami
North-South Center

1882 - 1973

Ciclo de Conferencias
sobre la
Nación Cubana:
Esencia y Existencia

**Universidad de Miami
North-South Center**
1500 Monza Avenue
Coral Gables
1998

Programa original del Ciclo de Conferencias

Ciclo de Conferencias
La Nación Cubana: Esencia y Existencia

Febrero 19
La Nación:
un concepto que se cuestiona.

Conferenciante:
José Ignacio Rasco

Panelistas:
Francisco Müller
Juan José Fernández de Castro

Febrero 26
El desarrollo de las
naciones modernas.

Conferenciante:
Luis Gómez Domínguez

Panelistas:
Virgilio Beato
Andrés Hernández Alende

Marzo 5
El proceso de integración
de la nación cubana.
- El papel de las generaciones en la creación de la nacionalidad.
- La influencia de los pensadores políticos cubanos: Varela, Saco, Bernal, Varona y otros sobre el nacionalismo cubano

Conferenciante:
Amalia Varela

Panelistas:
Argelia Carracedo
Ena Curnow

Marzo 12
Cuba:
una nación a la deriva.

Conferenciante:
Rafael Rojas

Panelistas:
Enrique Patterson
Uva de Aragón

Marzo 19
Debate sobre el tema.

Mesa Redonda con los conferenciantes.

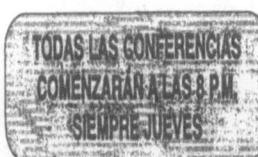

TODAS LAS CONFERENCIAS COMENZARÁN A LAS 8 P.M. SIEMPRE JUEVES

Segunda parte del programa original del Ciclo de Conferencias

NOTA

Este libro *La Nación Cubana: Esencia y Existencia* recoge las charlas y conferencias, así como algunas intervenciones de los panelistas.

Lamentablemente no ha sido posible incluir todas las valiosas intervenciones de los presentadores ni las del público, que resultaron tan relevantes. No obstante, algunas variantes o ampliaciones se han añadido para complementar mejor las ideas matrices que se discutieron en la serie de exposiciones que se llevaron a cabo durante cinco semanas seguidas en el centro Norte-Sur de la Universidad de Miami, en los meses de febrero y marzo del año 1998.

A MANERA DE PRÓLOGO

¿Qué es la nación? ¿Existe o no una nación cubana? ¿Es válido el concepto de las dos naciones, una intramuros y otra en el exilio? ¿Qué piensan los estudiosos? ¿Se ajusta o no la idea a los cánones tradicionales?

Para analizar y debatir estos temas, de plena vigencia y de preocupación constante de los académicos, el instituto Jacques Maritain de Cuba convocó a su ciclo de Conferencia, «La Nación Cubana: Esencia y Existencia», realizado del 19 de febrero al 19 de marzo de 1998, en el North-South Center, de la Universidad de Míami.

En el presente volumen se recogen esas conferencias, en un intento de contribuir a la bibliografía especializada y de llenar un vacío en el orden teórico sobre el tópico, que parece haber abierto un inacabable debate a raíz de que el pensador y ensayista Jorge Mañach lo enfocara muy *sui géneris* cuando afirmó, «La nación que nos falta», imbuido, sin dudas, en el espíritu de reclamar mayor perfección nacional.

Precisamente a Mañach, en el 150 Aniversario de su nacimiento en Sagua la Grande, fue dedicado el Ciclo.

En estas páginas, profesores. periodistas, hombres y mujeres de ideas, incursionan en la historia, analizan si los gérmenes de la nación cubana ya se perfilaban nítidamente en el siglo XVII, como algunos afirman, o si el concepto puede ser aplicado aún antes, o si verdaderamente quedó definido, de una vez y por todas, en 1868, cuando los criollos se lanzaron a la guerra contra España para alcanzar su independencia. Noción más generalizada ante el irreversible hecho: por primera vez, blancos, mulatos y negros; terratenientes, colonos, intelectuales, formaron filas junto a mulatos y negros esclavos, al lanzarse a la manigua, movidos todos por un sentimiento definitorio y auténtico, el amor a la Patria.

Por ese camino, los conferenciantes trazan una panorámica, que incluye reflexiones de Félix Vareta, el presbítero que nos enseñó a pensar, exploran en el ideario de José Martí, ente pensante y organizador de la Guerra del 95 y de forma novedosa (como todo lo que hace y se propone el Instituto Jacques Maritain con sus ciclos de conferencias) aportan datos y comentarios acerca de la participación de la mujer en la formación de la Nación Cubana, o se cuestionan si otros sectores marginados de la población quedaron identificados e integrados en este proceso unificador.

El propósito del Instituto Jacques Maritain de atesorar estas conferencias en un libro, obedece, esencialmente al deber de reflexionar acerca de lo que Cuba fue, lo que es y lo que quiere ser, como bien expresara en el Programa de convocatoria. «Seguramente (el Ciclo) despertará alguna polémica entre los preocupados por estas cuestiones y que en el exilio, lejos de olvidar los destinos patrios, acaso han acentuado su fervor nacional». Palabras que también aparecen en el citado documento y que son válidas a manera de introducción en estas páginas.

Ena Curnow

LA NACIÓN:
UN CONCEPTO QUE SE CUESTIONA

José Ignacio Rasco

PRIMERA PARTE

I. Problemas de nomenclatura

Ya sabemos que definir es justamente poner límites a un concepto, algo así como encarcelar una idea. Y que lo definido no debe entrar en la definición. Pero los términos políticos fácilmente se entrecruzan. Las palabras, como los artistas, representan diversos papeles. Como en la realidad quien hace de policía puede resultar presidiario y viceversa. Y el político fácilmente se vuelve politiquero como el psicólogo charlatán. Cualquier expresión puede resultar equívoca. Y en el reino de la sinonimia hay que tener cuidado porque a veces lo semejante se torna disímil.

Maritain hablaba de la existencia de *conceptos nómadas* que cambian su sentido según las circunstancias. Amén de que hay modas también en el uso de los vocablos. Andre Maurois decía por eso que en teoría política habría que, al explicar las palabras claves, manejar su contenido, con el mismo cuidado con que el farmacéutico antiguo llenaba sus frascos con gran advertencia y solía luego colocar, en las etiquetas, los dos fémures y la calavera amén de la palabra peligro.

Así, en nuestra jerga pública, solemos igualar nación con república, estado, pueblo, patria, nacionalidad, imperio, monarquía, raza, país, colectividad, gobierno, comunidad y toneladas de etcétera... Uno se pregunta: ¿Las Naciones Unidas son naciones? ¿No sería en todo caso mejor llamarlas Estados Unidos? Claro que con protesta de Washington. ¿Y los Estados Unidos no son mas bien Provincias Unidas? Acaso la OEA estuvo más acertada al denominarse Organización de Estados Americanos y no bautizarse como ONA (Organización de Naciones Americanas.)

Y qué decir de *cubanidad* y *cubanía*. Para mí pueden ser sinónimas, pero Fernando Ortiz definía la cubanidad como «condición genérica de los cubano» (Fernando Ortiz. Los factores humanos de la cubanidad. Rev. Bimestre Cubana. 21 (1940) pág. 166. La Habana.) Y retrataba la *cubanía* como «una cubanidad plena, sentida, consciente, deseada»... la conciencia de ser cubano y la voluntad de quererlo ser» (Idem pág. 160 y 166).

Pero para Ramón Grau San Martín la cubanidad era simplemente «amor»...

II. Deslinde previo

Antes de aproximarnos a un intento de precisión sobre el concepto de nación, aquí y ahora, queremos expresamente puntualizar algunas diferencias.

Ante todo aclaremos la distinción fundamental entre Estado y Nación.

El Estado es una organización jurídico-política, con poder y autoridad plena en su territorio soberano. El gobierno es su cabecera transitoria. La nación es un proceso siempre lento en su formación. El Estado puede surgir y desaparecer con mayor rapidez y arbitrariedad. La nación —lo dice su etimología— nace. El Estado se hace. La nación es algo natural. El Estado depende más del artificio. Y todo nacimiento supone un tramo previo de gestación. La nación es, pues, una vivencia, producto de una voluntad gestora que se desarrolla lentamente, lo que implica una fase inconsciente, instintiva y un afán creciente de concienciación, de consentimiento.

Pero jamás se podrá encontrar la certificación de nacimiento de la nación. En cambio la del Estado se puede hallar en cualquier archivo histórico.

Esta *naturalidad* de la creación nacional contrasta con el concepto estatal. Un estado se puede fabricar de la noche a la mañana, surgir de una sala de conferencias o morir en otra. Un pueblo puede hoy ser colonia y mañana república independiente y pasado aliarse en una confederación imperial.

El Imperio Austro-húngaro ha sido el connubio de dos potencias de disoluble matrimonio. La Unión Soviética se desmoronó un buen día en su ligazón estatal y las nacionalidades integrantes reflorecieron en nuevas formas estatales disgregadas: Rusia, Ucrania, Bielorusia, Georgia...

La nación polaca ha sido víctima de tres repartos impuestos para incorporarse obligadamente a otros estados. Pero los polacos han sabido mantener su espíritu nacional ante todos los repartos y demás dominaciones extranjeras. Los dos estados alemanes surgidos en la posguerra han vuelto ahora a reunirse en la nación, que no dejó de existir durante el cisma y luego se fundieron en una sola pieza la entidad nacional y los dos estados.

Los imperios son forma estatales diversas aunadas por un poder central con una mosaico de naciones y estados diversos.

Generalmente en nuestro mundo actual lo más frecuente es la fusión del estado con la nación, símbolo de modernidad. Así se habla de la nación estado o del estado nacional como ecuación igualitaria, normalmente con independencia y soberanía plenas.

Una tendencia creciente del globalismo en nuestro tiempo es la integración de estados-naciones en una sola comunidad internacional, como hemos visto especialmente en Europa.

Pero curiosamente sucede que al par que parecen fundirse solidariamente esas uniones de hechura económica y política con fuerzas centrípetas ocurre también que un conjunto de vectores centrífugos se enraízan más en afanes nacionalistas de mayor intimidad. De ese modo asistimos a una curiosa contradicción. Las micronaciones luchan por sobrevivir y liberarse de ciertas coyundas supranacionales al por que un peligroso globalismo tiende a descaracterizar los perfiles nacionales. Lo local se radicaliza para no perder su identidad ante el mercado financiero y tecnológico mundializador y avasallante. Se pierde un sano sentido de interdependencia que desconoce la solidaridad entre los pueblos.

III. Los factores nacionales

Veamos ahora algunos de los factores más determinantes de la formación nacional.

Sin duda que el origen nacional, como el de todo tipo de sociedad, brota de un grupo *humano integrado* con un cierto grado de homogeneidad racial. La sangre, la raza, la etnia, la población, es, pues, la fuente primaria de toda simiente nacional. La familia que crece en tribu, en genes, inicialmente endogámica, va desarrollando una conciencia de problemas y de soluciones que hermana racial y socialmente al grupo que se expande. Una cierta unidad racial es, pues, uno de los basamentos de la futura nacionalidad. Francia no se hizo con ingleses ni Gran Bretaña con españoles. «Por mi raza hablará el espíritu», postulaba el mejicano Vasconcelos ya con afanes cósmicos más espiritualizados pero partiendo siempre de la casta y sus mezclas.

Y, claro, ninguna raza es muda. La *lengua* es, pues, otra de las características básicas de la fusión nacional. El habla de mi tierra es la expresión cultural más unitaria. No hay nacionalidad sin idioma. *Idioma* es carácter propio, peculiar, como nos enseñaron nuestros abuelos latinos. El idioma además de dibujar el estilo particular de un pueblo a medida que se articula mejor, enorgullecerá a sus miembros, con sus modismos, sus primeras tradiciones orales, sus mitos, y leyendas. También en el principio aquí fue el verbo. Sin idioma no hay país. Sin literatura no hay nación. Sin el Mío Cid no hubiera habido España. Sin la Chansson de Roland no hubiera surgido Francia. Con el Espejo de Paciencia, con su criollismo, comenzó a balbucear nuestra nacionalidad en el Camagüey emergente.

El *territorio* es como el cimiento de todo embrión nacional. El río, el mar, la costa y la montaña erotizan el amor a la naturaleza. La palma cubana es como el pararrayos de nuestra nacionalidad, nuestra cruz soberana, que nos hace levantar nuestra vista hacia nuestro inconfundible azul celestial, o se nos proyecta con la luna o con el sol sobre nuestra maleza tropical.

El suelo y el subsuelo son las bases del factor alimenticio y económico que moldea la nación. La agricultura suele ser la primera cultura que tipifica el ser nacional. Sin azúcar no hay Cuba, ni sin tabaco. Ni Chile sin cobre. Ni Venezuela sin petróleo. Ni Bolivia sin estaño. Ni Colombia sin café.

La *raza* y el *territorio* son dos elementos *físicos* de nuestro quehacer nacional, pero ya la *lengua* empieza a convertirse en *metafísica patria* en la medida que resulta eco de un pensamiento y de un sentimiento propios, justamente en lo que con sus modismos exclusivos va reflejando el perfil del temperamento y el carácter de sus gentes.

Con este trípode ya comienza a brotar la cultura propia, el ser nacional, que se va «actualizando» a medida que sus potencias creadoras van volcándose en tradición, mitos y leyendas, que canta, baila, predica y grita. Y se jerarquiza con el *factor religioso*, que acaso en el orden cronológico haya comenzado su quehacer prioritariamente, en los inicios mismos del tejido social humano.

Así, la *religión* ha sido un fundente de la cohesión comunitaria. No hay sociedad sin tabú y sin totem. El fundamento bíblico ha sido motor capital en el pueblo judío. Y el islamismo encuentra en el Corán su centro de gravedad. La España de los Reyes Católicos logra su unidad nacional al imponer, aunque con efectos secundarios, la cruz sobre la espada y la Gramática de Nebrija.. La Inglaterra de Isabel se consolida con su anglicanismo al descabezar el catolicismo de María Estuardo. Y la Francia de Luis XIII remata su poder unitario, en la paz de *Alais*, al vencer a los hugonotes bajo la inspiración cardenalicia de Richelieu. Y las células germanas tienen mucho contagio con el principio programático que enarbola Lutero con aquello de «cujus regius, ejus religio» en los principados alemanes.

En verdad, no ha existido nunca un pueblo realmente ateo. A menudo la persecución religiosa riega con sangre de mártires cualquier civilización monoteísta o politeísta. El culto y el ritual litúrgico se hace acompañar siempre de un proceso moral y ético que condiciona y reglamenta, que une a todos en una cosmovisión común. La Revolución Francesa, en su sesgo escéptico, necesitó endiosar la razón encarnada en una jinetera parisina. Y los inmigrantes del Mayflower encontraron en la intolerancia religiosa la base para la mudada forzada a otras tierras donde luego establecer nuevas pautas de fe y puritanismo. En la Constitución norteamericana, y en su moneda, se refleja bien la influencia de sus creencias religiosas iniciales en sus estilos de vida.

Todos estos factores constituyen agentes básicos que confluyen en las corrientes nacionales y nacionalistas. Precisamente en la conjunción de tantos valores dispersos y diversos se va alcanzando lentamente la solidaridad y la integridad nacionales. En la medida que esto se va logrando se constituye un sentido de nacionalidad, una conciencia viva nacional, que se enriquece del pasado, vibra en el presente y se proyecta hacia el futuro. Esta conciencia o alma nacional es tal vez lo que determina finalmente la esencia y la existencia de un conglomerado nacional.

Una nación es pues, nos dice Renán, una «herencia de glorias y de fracasos a compartir, en el porvenir un mismo programa a realizar; haber sufrido, disfrutado y esperado juntos... una gran solidaridad... se resume no obstante en el presente por un hecho tangible: el consentimiento, el deseo claramente expresado de continuar la vida en común... un plebiscito de todos los días» (Ernest Renán. ¿Qué es una Nación? Cartas a Strauss. Alianza Editorial. Madrid 1987. Pág. 83).

IV. Teleologismo nacional

Imagino que en este repaso elemental de algunos agentes del nacionalismo el lector, o el oidor, de esta rápida enumeración sentirá ese escozor inquietante que produce la falta de concordancia entre lo que se expone y lo que cada cual tiene en su mente. Porque a los casos aducidos se le podrán poner tantas excepciones como para discutir cuanto se ha expuesto por un buen rato.

En el mundo de la biología existe lo que se llama el Teleologismo de los seres vivos. Siempre recuerdo los experimentos de Hans Driesch y de Voigt que demostraban el principio de la subordinación de los fines.

Según esta tesis biológica cuando algún órgano de un ser viviente falla, o falta, otro suple la función puesto que la parte se subordina al todo, en aras de la vida, que es el fin esencial del ser en cuestión. Esto contrasta con el mecanicismo que existe en el reino inorgánico. Así se ha observado que las palomas cuando se les suprime la dieta de calcio colocan el poco que les va quedando hacia las alas, mientras van dejando sin calcio la cabeza. Y los embriones de erizos de mar cuando se les corta alguna de las formas estrelladas las otras paralizan su desarrollo hasta casi empatarse con la punta truncada. En otras palabras, como para la vida de las palomas es prioritario el calcio en las alas y para el erizo de mar la forma estrellada, resulta vital la supeditación de lo inferior a lo superior, en respeto al fin propio de esos organismos, que es, ante todo, vivir. Y en los seres humano pasa otro tanto cuando falta un riñón o un pulmón.

Pues en las sociedades nacionales sucede lo mismo. Podemos decir, por consiguiente, que los factores mencionados como **elementos de la nación son todos convenientes, a veces necesarios, pero ninguno es absolutamente indispensable.** No hay duda, desde luego, que mientras mayor sea la unidad lingüística, religiosa o racial o territorial más fácil se logrará la integración nacional.

Sin embargo, vemos cómo en Bélgica, Suiza, Canadá y otros países, se hablan varios idiomas. El pluralismo religioso es hecho común en casi todas la naciones modernas. Pero en pueblos fundamentalistas la religión sigue siendo un factor fundamental. Y la pureza racial ha pasado a mejor vida en casi todos los países. Lo cual no niega que en algún momento, como ya hemos visto, el idioma, la religión y el factor étnico o el propio suelo, hayan sido decisivos en la hechura nacional.

¿Quiérese algo más aparentemente indispensable que el territorio para el asiento nacional? Sin embargo, el pueblo judío ha andado errante por todas las latitudes y longitudes y ha perdurado por siglos sin suelo propio.

Evidentemente que acaso lo más importante en el desarrollo nacional es el factor espiritual, la conciencia de pertenecer a un todo común, con el cual sus habitantes se sienten identificados.

Jorge Mañach nos recuerda que «con-ciencia» significa «con—saber»; esto es, un saber, una ciencia que se tiene en comunidad, que es «consabida» (Historia y Estilo. La Habana 1953. Pág. 36).

Este «con saber» implica una cultura, un estilo de vida con mucho de racional y de irracional al mismo tiempo, de razón y de emoción, de pensamiento y sentimiento, donde los líderes de toda gama y los grupos sociales más preponderante van encauzando a las nuevas generaciones e integrándolas en los valores, costumbres, saberes... lo que facilita la identidad común, el sentido de pertenencia, de solidaridad, de integración.

En las naciones modernas ya integradas en el Estado el factor jurídico indudablemente tiene un carácter permanente, incluso aunque de facto se viole. El Estado de Derecho es un presupuesto de la Nación-Estado que se asienta sobre cierto orden constitucional.

En verdad casi todas las naciones de hoy se han constituido en verdaderos Estados. Con frecuencia se hizo primero el Estado y luego se le insufló un nacionalismo que devino en nación.

En Nuestra América vimos cómo algunos países se constituyeron primero en repúblicas y luego en naciones con fronteras imprecisas en su vecindario.

Es decir, primero se hizo Bolivia y luego la bolivianidad, Venezuela y luego la venezonalidad... En Centroamérica de repente surgió un quinteto republicano que más tarde fue nutriéndose de un creciente espíritu nacionalista.

V. Otras consideraciones sobre la nación

El concepto de nación se aproxima mucho a la idea que Ernesto Renán que dejó sentada en su famosa conferencia pronunciada en la Sorbona, quien la vio como «un resultado histórico producido por una serie de hechos convergentes» (obra citada pág. 67). Es decir toda nación requiere historia. Sin memoria colectiva no hay nación. Un pasado común es esencial. De ahí que ni se pueda crear de la noche a la mañana ni desaparecer de la mañana a la noche. Y aquí apunta una diferencia esencial que ya hemos señalado, que la aleja del estado. Pero Renán nota también que es preciso «que todos hayan olvidado muchas cosas» (Id. pág. 66) y todavía, añade, que «suele ocurrir también algún error histórico en la creación de una nación» (Id. p. 65).

En la revisión histórica de nuestra patria se haría necesario olvidar acaso ciertas cosas que mermaron nuestra capacidad solidaria y la integridad de algunos factores. Una revisión crítico-histórica—que ya hubo de empezar el insigne Leví Marrero— se impone para no repetir mentiras, semiverdades o dejar verdades ocultas. Tal vez en las naciones adolescentes podría permitirse cierto margen para la imaginación novelada de rosácea forma, pero no en países con cierto afán de modernidad y madurez.

Otro elemento que incluyo también, siguiendo a Renán, es su metáfora de que la nación es *«un plebiscito cotidiano»*. En otros términos, que existe siempre un consentimiento expreso o tácito, una voluntad nacional permanente, de convivencia y modos comunes.

Y un proyecto de futuro, un afán de objetivo, de desarrollo, de finalismo, de metas, de un destino común. Siempre un proyecto pendiente por hacer.

Entiendo que debe incluirse en toda definición de nación la idea de comunidad ya que marcha en la línea natural de la familia, la gens o la tribu. La nación es connatural al hombre o a la mujer. Un nacional nace. Un ciudadano se hace. La ciudadanía se puede cambiar. La nacionalidad propiamente es incambiable. La recibimos por nacimiento. Si nació cubano lo seguirá siendo por toda la vida aunque haga de «gringo», venezolano o español en su carta de ciudadanía o pasaporte.

De ahí que los lazos étnicos constituyan otra característica típica a pesar de que pueda existir el pluralismo racial. Pero el grado de nacionalismo se medirá en función de la fusión, de la integración que se logre. La discriminación racial es enemiga de la conformación nacional. En la medida en que se adquiera mejor armonía étnica se consolidará mejor la nación. En el caso cubano vimos claramente cómo el prejuicio racial y la esclavitud negra demoraron largamente el proceso nacional. Fue en la guerra de los Diez Años donde las «barreras de contención», al decir de Ramiro Guerra, sucumbieron al confundirse la sangre del blanco y del negro y del mestizo en los campos de batalla. La inteligencia racial suple pues la diferenciación de razas. Por ello Martí decía que ser hombre es más que ser negro o blanco.

Con las diferencias de clases puede suceder otro tanto. La guillotina francesa pretendió inútilmente una igualdad superior a la de la propia Declaración Universal de los Derechos del Hombre. El nacionalismo francés se volvió chovinista, con gorro frigio, bandera y marsellesa. Napoleón creó una aristocracia imperial y quiso someter a sus vecinos, pero sus conquistas bélicas fomentaron nuevos nacionalismos en los países sojuzgados, siempre con toques románticos.

Marx pensó que la nación era una forma de explotación obrera. Los proletarios no tienen patria. Las clases más poderosas esquilmarán a las más necesitadas. Stalin impulsó el nacionalismo con un feroz totalitarismo sobre naciones de difuntos. Pero su propia opresión mantuvo vivo el espíritu nacional ante el sovietismo.

Y el bonapartismo inspiró, en parte, el caudillismo independentista de Sur-América, semillero de nuevas repúblicas de ansias caudillísticas. Tal vez en la Cuba colonial, por su fecundo siglo XIX, fue un caso diferente en que la nación precedió al estado independiente.

Jorge Mañach consideraba que había dos elementos formales que circundaban la forma nacional: la solidaridad y la integración. En la medida en que la reunión de semejanzas y diferencias se cohesionaban la solidaridad nacional se perfilaba unitaria. Y en la medida en que esos caracteres se ampliaban y consideraban en su naturaleza constitutiva, la incorporación nacional crecía. Esto hacía que los distintos factores o elementos nacionales se vertebraban mejor para suplir carencias o deficiencias. Y en caso contrario la delicuecencia de los factores resultaba deletérea para la nacionalidad.

En definitiva, *la cultura* es acaso el elemento mas uniformante que vence las deficiencias de los factores naturales y subjetivos. Cuando existe una cultura común afianzada que conforma las manifestaciones artísticas, musicales, costumbristas, económicas, deportivas, y demás, a un cierto nivel de orgullo y complacencia, todos los rincones nacionales se van reuniendo en un estilo, un modo de ser, que se convierte en patrón globalizador para la figuración nacional. Esa conciencia y sentimiento de nación y lealtad patriótica, que suele conllevar lazos jurídicos y políticos, con afanes de independencia y soberanía, cuaja en Estado.

Por eso el *estado-nación* es la forma más frecuente como se presenta la nación en el mundo de hoy.

VI. Nacionalismos

Si la nación es un concepto difícil de definir su hijo natural, el nacionalismo, no resulta fácil tampoco. No obstante Hans Kohn lo describe con «un estado de ánimo que penetra la gran mayoría de un pueblo... reconoce al Estado nacional como la forma ideal de organización política y la nacionalidad como fuente de toda la energía creadora cultural y del bienestar económico» (The idea of nationalism: a study in its origin and background, New York 1944, I pág. 3).

Para Carlton Hayes el nacionalismo es el «resultado de la fusión de patriotismo con la conciencia de la propia nacionalidad» donde parece equiparar nación con nacionalidad.

Pero para muchos se confunde la nacionalidad con la nación y el nacionalismo con el patriotismo.

Es tentación política en la nación lo que ocurre precisamente cuando las naciones se vuelven enemigas de sus vecinos, o de las no tan vecinas, sobre todo, cuando ese nacionalismo busca fanáticamente hegemonías sobre una o varias naciones, como acontece en los imperialismos más agresivos.

A menudo se equipara también el patriotismo con el fanatismo. Y la propia religión que resulta agente nacionalizante en su proceso existencial deja de serlo y el mismo nacionalismo puede convertirse en una religión. Es un nacionalismo fundamentalista, irresponsable, que anula—o trata al menos de negar— la sana interdependencia global del mundo de hoy. Casi siempre amparado en una ideología imperialista o totalitaria. Bien claro estuvo el P. Varela al condenar todo tipo de fanatismo.

Max Weber indica que la fuerza es un elemento característico del estado-nacional. Así la violencia es moneda legalizada en el estado-nación. Pero Weber no cree en nacionalismo sino en etnoticismo y equipara nación con pueblo (volk, en alemán). Acaso ese concepto lo llevó a pronunciarse contra la inmigración polaca y a defender la germanización en su país.

Treischke coincide con Weber en la importancia del germanismo y propuso una «gran Alemania» bajo la dirección prusiana. Ambos son nacionalistas alemanes, pero sin distinguir mucho la nación del estado. *Durkheim* atacó fuertemente esta «patología social» alemana y trató de colocar los intereses humanos por encima de los nacionales. Pero no faltan contradicciones entre estos ilustres sociólogos que tampoco llegaron a elaborar una teoría completa para explicar el fenómeno nacional.

Fichte en sus *Discursos a la Nación alemana* (1807) resultó un precursor del pangermanismo alentando a los prusianos a luchar contra los ejércitos napoleónicos no obstante defender los principios de la Revolución Francesa. Su nacionalismo se volvió xenófobo, antijudío y antilatino. Fue un precursor del *Mein Kampf* hitleriano.

Nuestro *Martí* se afilia a la línea más tradicional y romántica del concepto nacional. Ve la nación como «aquella apretadísima comunión de los espíritus, por largas raíces, por el enlace de sus gentes, por el óleo penetrante de los dolores comunes, por el gustosísimo vino de las glorias patrias, por aquella alma nacional que se cierne en el aire, y con él se respira, y se va aposentando en las entrañas, por todos los sutiles y formidables hilos de la historia, atados como la epidermis a la carne». (Citado en *Los grandes creadores de la nacionalidad*, de José M. Pérez Cabrera y José Ignacio Rasco. La Habana 1952. Pág. 1).

Claro que tampoco falta entre los franceses la glorificación hiperbólica de Francia que «es algo más que una nación» (Michelet). Lamartine, Berenguer, Víctor Hugo y otros, sin llegar a los excesos germánicos, también pensaron que su país era el único que podría servir de modelo a los demás.

Mazzini, en cambio, es un patriota italiano romántico y liberal, que no cree en el nacionalismo económico que se predicara en Alemania. List se opuso al maquiavelismo de Cavour «sin religión, escribe, la ciencia política no puede crear más que despotismo o anarquía» (Citado por Jean Touchar en *Historia de las Ideas Políticas*. Editorial Tecnos. Madrid 1977. pág. 413).

VII. Los peligros del nacionalismo

Un sano nacionalismo es un resguardo de la nación y de sus nacionales. Pero fácilmente lleva a la discriminación y al ataque o a la incomprensión de lo extranjero. Como vamos viendo entonces se trueca en racismo, xenofobia, fascismo, nazismo o comunismo. *Caspmore y Troyna* definen el racismo como mezcla de prejuicio mas poder. (Monserrate Gubernau. *Los Nacionalismos*. Editorial Ariel — Barcelona 1996 pág. 101). En la Alemania nazi vimos hasta donde puede llegar la barbarie del mito de la raza pura. El italiano *Gonzolini* escribió en 1921 que «El fascismo es la religión de la patria» (Citado por Monserrate Gubernau. Id. Pág. 106). Muchos han confundido la nación con la raza en imperdonable pecado racista.

Marx y Engels en múltiples ocasiones predicaron que la nacionalidad de los obreros no era más que la unión internacional del proletariado. En el Manifiesto Comunista se decía que los obreros no tenían país. Pero en la práctica el nacionalismo soviético, convertido en imperialismo, avasalló otras nacionalidades y desconoció la capacidad de autodeterminación de otros pueblos. Paradójicamente el antinacionalismo inicial de los padres del comunismo desarrolló nacionalismos inconscientes y afiebrados.

La aldea global de nuestros días ha puesto en solfa algunos nacionalismos. Los grandes imperios tecnológicos de la modernidad, los grandes capitales financieros han invadido los mercados nacionales y los países, principalmente los menos desarrollados, ven suprimidos o mermados sus potenciales de soberanía, independencia y autodeterminación. Lo que provoca, por otra parte, una reacción hipernacionalista en los pueblos más indefensos donde se palpa a su vez un resentimiento nacionalista que tampoco es saludable. Este es, pues, uno de los grandes problemas del mundo de hoy.

El nacionalismo engendrado por los estados-naciones ha creado una problemática serísima que exige una revisión cuidadosa. El concepto absolutista de soberanía no deja de ser un mito peligroso. Al amparo de esa bandera se conculcan derechos humanos en muchos países y se excluyen e impiden. En aquella famosa novela de «La Hora 25», su autor quiso demostrar que el hombre era antes que el ciudadano.

La Cuba de hoy es un caso flagrante donde, abroquelado en un falso concepto de soberanía, impide que la comunidad internacional no pueda defender a la persona humana anterior y superior en su derecho al Estado. El principio de no-intervención puede resultar un arma de doble filo. En verdad la soberanía, como la propiedad, no ha de constituir un derecho absoluto. Así como la comunidad nacional vela porque la propiedad no esté sujeta a normas y criterios sociales también la soberanía nacional tiene que respetar la limitación que impone un sano orden internacional. Y en la medida que las naciones se organizan en agregados supranacionales, los nacionalismos tienen que supeditarse también a las coordenadas internacionales. Maritain entendía que la palabra **autonomía** debía ser preferida al vocablo soberanía, ligada en sus orígenes a las viejas monarquías absolutistas que invocaban su condición de soberanas para aprisionar a sus pueblos o justificar guerras contra otras naciones indefensas o iguales.

En un libro recientemente aparecido «*El fin del estado nación*», de Kenichi Ohmae, (Santiago de Chile, 1997) afirma categóricamente que ya están falleciendo todos los estados nacionales ante el avance de cuatro grandes fuerzas que usurpan los poderes que antes estaban en las manos poderosas del estado: *el capital, las corporaciones, los consumidores,* y *las comunicaciones*. Las personas parecen burlarse de las fronteras y de los apegos a sus países. Si la guerra fría terminó y el dinero vuela por todo el mundo ¿para qué hace falta la aprobación de las autoridades estatales?

Por otra parte, los problemas del medio ambiente, de las investigaciones científicas y tecnológicas y el crecimiento de los mercados comunes, parecen, cada día más obligar, a las naciones a coordinar todo su quehacer en función plurinacional lo que resta valores a las independencias y obliga a compartir relaciones y poderes interdependientes. Al mismo tiempo una corriente descentralizadora dentro de los ámbitos nacionales tiende a restarle potencia a los gobiernos centrales, lo que diversifica también la polaridad estatal que hace imposible que ningún centro de poder pueda repetir aquello de Luis XIV «Létat, cest moi». Los regímenes parlamentaristas parecen otorgar más capacidad de decisión a los órganos congresionales y alientan, paradójicamente, nuevos nacionalismos regionales.

El cuestionamiento sobre la existencia del estado-nación queda aún sin una sentencia definitiva. No parece fácil la respuesta. Tampoco los señores feudales fueron capaces de adivinar que de la extinción de los feudos brotarían las naciones. El crecimiento poblacional provoca de continuo migraciones que al incorporarse a otros grupos humanos crea reacciones de segregación y de integración. La tensión bipolar suele ser cualidad de todo lo humano. La aldea global provoca reacciones unitarias y diversionistas al mismo tiempo.

En el fondo hay una gran inquietud en torno a la calidad de vida no ya tan solo en sus aspectos biológicos sino en la raíz ética que yace en toda conciencia humana y que tiene que ver con la solidaridad la justicia, la paz y la esperanza. El ser humano por exigencia de su dignidad y necesidad de su propia identidad no quiere despersonalizarse en un mundo global, en una pirámide sin escalones. En fin de cuentas un todo siempre es la resultante de las partes. Al completar el rompecabezas de la mundialización es muy importante que no falte ninguna pieza especialmente aquella que representa la persona humana clave fundamental de toda sociedad y que siempre avanza a través de los grupos celulares que orgánicamente van formando el tejido civil —civilizador— de toda nación y de toda constelación internacional.

FINAL

De todo lo anterior me interesa destacar que la nación es una comunidad de ciertas proporciones que obedece más a factores naturales que a elementos artificiales como es el estado. Creo que substancialmente nos atenemos al concepto fundamental de Renán aunque subrayamos el énfasis espiritual que José Martí enfatizó en su enfoque. La nación es pues una fusión de factores materiales y espirituales. Su existencia se va conformando en el tiempo y el espacio. Su esencia vital puede prescindir de algunos aspectos cuando logra que sus fuerzas solidarias e integradoras amparen «el alma nacional».

Como todo ser viviente puede evolucionar y aun desaparecer. Pero siempre es un proceso lento. La nación cubana actual permanece en la vocación nacionalista de sus hijos de allá y de acá. Y hoy se impone insistir más que nunca que la nación cubana no es el estado ni el gobierno cubanos. Los regímenes políticos no deben confundirse con los valores nacionales que se asientan fundamentalmente en el pueblo, en el de allá y en el de acá. En la medida que sintamos la diferencia y aumentemos la solidaridad, que hoy la geografía pretende dividir, rescataremos la integración nacional de pueblo a pueblo sobre la base histórica —hecha de memoria y de olvido— y la proyección futura que ha de construirse sobre puentes de realismo y de sueños.

Lo que está en juego en Cuba es la sociedad civil, las instituciones intermedias del cuerpo social que afortunadamente están emergiendo poco a poco, como también ocurrió en otros países cuando los gobiernos marxistas controlaron el poder. Pero justamente porque la nación polaca, hungara, alemana y demás mantenían vivir sus fibras nacionalistas se han podido ir recuperando esos países. En Cuba lo que hay que cuestionar es el aparato estatal, pero lo que no ha desaparecido son las raíces de su pueblo, el alma nacional, como se acaba de demostrar con la visita de su Santidad Juan Pablo II.

SEGUNDA PARTE:
EN TORNO AL NACIONALISMO[1]

I- Vicisitudes Nacionales

No hay duda que la nación ha sido la sociedad más rica con la que el hombre se ha sentido plenamente identificado en sus aspiraciones colectivas. La conciencia nacional solidariza a los pueblos con el ayer, el hoy y el mañana. Ese sentido de permanencia hace que la nación perviva por encima de los avatares políticos o estatales. La nación se desarrolla a lo largo de la historia en un proceso de incorporación y de fusión de un conjunto muy variado de factores. El Estado, en cambio, puede hacerse y deshacerse en una Asamblea Constituyente, o disolverse por la ocupación extranjera o por un pacto político. Polonia y Cuba pueden ser dos buenos ejemplos de como lo episódico y accidental de la epidermis política puede cambiar por factores cancerígenos que deforman su realidad externa. Pero en el fondo el espíritu nacional renace siempre de su propia clandestinidad o de sus hijos exilados, mientras no muere la idea de «aquel proyecto sugestivo de vida en común» como definía Ortega la comunidad nacional. El hombre perfecciona la nación tanto como la nación perfecciona al hombre. Por eso Renán decía que la nación es un **plebiscito cotidiano**, un anhelo continuo. Sin embargo, este credo nacional, que ha sido verdadero motor en la dinámica moderna sufre actualmente una crisis que tiende a quebrar algunos de sus valores fundamentales. Es curioso que, en cierto modo, es una crisis contradictoria en la que juegan factores centrífugos y centrípetos. La unidad nacional de entidades pequeñas corre el riesgo de ser absorbida por una hipertrofia nacionalista que lleva a vascos y catalanes a buscar una autonomía regional tan osada que pone en peligro la monocromía del mapa español. Y, por otra parte, la incorporación hispánica al Mercado Común Europeo es una señal

---

[1] El siguiente trabajo «*En torno al Nacionalismo*» es un complemento de «*La Nación: Un Concepto que se cuestiona*», publicado anteriormente en el «Diario Las Américas» y que obtuvo el premio Carbonell. Como en este estudio se recogen las principales ideas del conferenciante en sus intervenciones de la quinta sesión del Cielo de Conferencias, y que lamentablemente no quedaron grabadas. Recogemos este texto que sin duda clarifica, aun más, el concepto de nación, sobre el cual giró todo el ciclo.

de la necesidad moderna de lo supranacional, donde quepa un mosaico de nacionalidades heterogéneas que tratan de hilvanar lazos de fuerte contenido económico en espacios mayores, pero con inevitables connotaciones de otra índole, como ha ocurrido siempre en toda embriogenia nacional. Ahí estriba la crisis de la nación moderna con su doble vertiente integracionista y separatista. Analicemos, pues, algunos aspectos del fenómeno nacional.

En el panorama mundial, aún para los que saben geografía, la visión de un mapamundi ofrece un espectáculo de variado cromatismo, aunque repita colores y matices, ya que no alcanzan suficientes tonalidades para representar, luminosamente el nacimiento nacional (perdónese la intencionada redundancia). Lo que ocurrió en Nuestra América en la centuria pasada parece multiplicarse en la Europa belicista del siglo XX, en el África Emergente de nuestros días y en el milenario y paciente continente asiático.

La ONU es el escenario —el anfiteatro o sala de parto— donde suelen oírse los primeros gritos de los recién nacidos países. Que pierden enseguida su infancia y comienzan hablar de igualdad de derechos, no siempre de deberes, con voces y gestos plenamente adultos. Cuando se fundó la organización, en San Francisco, en 1945, las naciones fundadoras eran 51, de las cuales 20 eran de los países hispanoamericanos, lo que les otorgaba un poder de voto del 39%. Si se compara con las cifras actuales la cuota de votación, suponiendo unanimidad, hoy día resulta irrisoria.

La anterior es tan solo un simple ejemplo de cómo el ajedrez internacional ha movido sus piezas con tal sorpresiva agilidad que haría falta muchos Capablancas para evitar el cierre intempestivo del juego. Basta pensar en la potencialidad deletérea del átomo, capaz de borrar del mapa naciones enteras, para que se advierta la fragilidad del mismo globo terráqueo que habitamos. La misma intensidad del peligro ha actuado como paralizante entre las grandes potencias —hoy multiplicadas por su dominio nuclear— que han volcado su agresividad en rivalidades de aparente menor cuantía, pero que han esquivado hasta el presente, un final abrupto de la Historia.

Como en la edad de piedra los dinosaurios y mastodontes han desaparecido de la historia natural que ahora se ha protagonizado en la fiereza de cuadrúpedos indomesticados que batallan por títulos majestuosos en su lucha darwiniana por la supervivencia. Y allí se dan cita todos los alaridos y alardes, las garras y fauces omnívoras, así como las serpentinas astucias de los más arrastrados.

En el plano humano el duelo a muerte por el poder, la gloria, o la mera supervivencia, ha logrado valerse de mil «camouflages» para despistar enemigos y disfrazar ambiciones. En ese maratón agresivo el sentimiento nacionalista ha sido uniforme de pelea en batallas honrosas o capa presuntuosa de aire triunfalista de los más groseros empeños diplomáticos.

En verdad la meditación sobre las hazañas humanas —no importe el signo— nos lleva a la reflexión de la misma idiosincrasia del bípedo implume.

Desde que el viejo Aristóteles precisó que el hombre es un animal político por naturaleza (*el zoón politicón*) han sido inútiles todos los esfuerzos posteriores de los Rousseau por negar su sociabilidad innata y ver la sociedad como un simple proceso contractual. Sin embargo, todo contrato supone un mínimo de bilateralidad, una pareja, el binomio social primario. La sociedad hizo el contrato. No al revés. No desconocemos, desde luego, el valor de los pactos sociales, sobre todo de aquellos que han sido semilla de democracia. Nadie puede desconocer que la Revolución Americana de 1776 y la Francesa del 89 abrieron nuevos caminos a los derroteros, históricos. El paisaje político cambió, como cuando después de Colón, Galileo y Newton, se redondeó la Tierra, se destronó el geocentrismo y se respetó la gravedad planetaria.

Los puritanos de nueva Inglaterra, con una fuerte ética del trabajo, construyeron ciudades progresistas y cosecharon la tierra pródiga— sintiéndose elegidos de Dios, disidentes de la vieja Europa persecutora. Un clima de libertad fomentó la unión de las Trece Colonias. Así se fue haciendo inconscientemente una nación que buscaba «la felicidad» en el progreso material como símbolo de la preferencia divina. La igualdad se encerraba dentro del mundo anglo. La arrogancia y la superioridad habían de circunscribir la democracia independentista hasta la exclusividad. Los indígenas nómadas debían conservarse en las «reservations» y los negros segregarse hasta que la guerra de Lincoln comenzara a derribar las primeras barreras. La nación ejemplar amanecía, pues, entre densos nubarrones que también servían de mal ejemplo a otros pueblos en rumbo de nación.

En verdad la Revolución Francesa hubo de resultar también un tanto ambivalente. El tríptico revolucionario tenía como meta una sana proyección universal de principios (libertad, igualdad, fraternidad), pero en la concreción de sus ideales la nueva República se volvía contra sus propios hijos. Nos acordamos de M. Rolland, de Sieyés. La idea de «súbdito» muere ahogada por la del ciudadano, el «citoyen», que trataba de reflejar cierta rebeldía burguesa citadina, de participación como socio en la «res-publica». Pero el «citoyen» desbancó al hombre. Y no al hombre abstracto de la

Declaración Universal, sino al fraterno compañero de cualquier «club». El deporte de «escupir cabezas a la cesta» sí parecía igualar a nobles y plebeyos en la nueva tecnología de la guillotina.

II- Anacronismo Napoleónico y Bolivarismo Realista

Esto parece explicar el anacronismo imperial de Bonaparte, que quiso enhebrar el ayer, con el mañana. Sin examinar su repelencia intrínseca. La idea-fuerza que es la nación del Siglo XIX lleva al afianzamiento y la codificación de todo lo galo.

Nada de la visión imperial de óptica universal. El afrancesamiento fue el cuño indeleble en los nuevos dominios confiscados. En lo adelante —la frontera, el pasaporte, el himno y la escarapela— serán los objetos tangibles de la nueva tónica nacionalista. La fraternidad se evapora en cada horizonte fronterizo. Hasta los corsos se hacen franceses. En verdad el proceso de formación nacionalista no surgió en 1789. Ya en la Francia del décimo tercer Luis, como en la España de Isabel, o en la Inglaterra de la otra Isabel, amanecieron las primeras luces nacionalistas. Más largo fue el embarazo en Italia y Alemania. Aunque la vieja nómina conservara todavía «cristiandad», reinos, feudos, principados, «repúblicas», provincias y otras muchas etiquetas que se confundían en la cartografía.

La hechura nacionalista no tiene molde común y está llena de contrastes. La nación para consolidarse necesitó protegerse con una fuerte membrana política.

Lo que fue más bien producto de la biología, de la geografía, de la historia, del medio ambiente y de su desarrollo pausado, requirió del ordenamiento jurídico constitucional, de la estructura política. Lo nacional devino en nacionalismo. En algunos casos surgió el Estado-Nación. En otras la Nación-Estado. Ya Luis XIV no es el estado. Ahora— «l`etat c`est le peuple».

Sólo que lo político de por sí no tenía fuerza suficiente para adelantar en el camino nacionalista. El gorro frigio colgaba mejor de la espada. El uniforme militar debía cubrir al nuevo cuerpo político. En la independencia nacional de las colonias americanas, excepto en Brasil y en algunos lugares del Common Wealth, donde la diplomacia suplió al heroísmo, una legión de guerreros afirmó las fronteras. En varios países americanos se edificó primero la nación y luego habitó el sentimiento nacionalista. La geografía se adelantó a la historia. Ganaron los generales a los doctores. Al andar libertador se hicieron fronteras de prisa, móviles, según el capricho caudillístico. Las repúblicas «feudales y teóricas» de Hispano-América que describió José Martí. En el intento de los fundadores se velaba por el todo sobre la parte. El puñetazo separatista deshizo el rompecabezas hispanoamericano. La parte le ganó al todo.

El nacionalismo —al igual que en la Vieja Europa— se tornó agresivo para sobrevivir.

El **anti** frente al vecino —poderoso o pequeño— sirvió de aglutinante para una mayor solidaridad e integridad nacionales. Pero el resultado fue «Los Estados Desunidos del Sur».

En la Europa cambiante la balcanización no se redujo a su propia área. Las alianzas europeas cultivaron el «divide y vencerás». Alsacia y Lorena probaban la conveniencia del bilingüismo.

El policentrismo europeo sirvió, sin embargo, a la emancipación americana. Las Trece Colonias se valieron de la ayuda española —y específicamente cubana— cuando se les terminó la sal y el té en Boston. y los que más al sur hablaban español aprovecharon la irrupción francesa en la Península para lanzarse contra el galicismo político.

Los primeros «gritos» y juntas no eran contra la metrópoli sino, paradójicamente, contra el calumniado Pepe Botella (totalmente abstemio) y a favor de las Agustinas y de los decadentes Borbones. Así resultó que la primera batalla por la independencia americana se libra en muchos lugares de la Mancha. El mismo San Martín estrenó sus armas en la independencia de España. Antes del cruce de los Andes ya se había destacado en Bailén y Albuera.

Estas ambivalencias —tan explicables— crearon cierto paternalismo internacional. Hidalgo, Bolívar, San Martín, y los demás, creyeron necesario algún tutelaje europeo. De Bolívar y Santander hay copiosa correspondencia que descubre sus apelaciones a Londres.

Ya influye el temor al coloso del Norte. Para llegar al panamericanismo es preciso fortalecer el espíritu hispano-americanista, la *Patria Grande*, como la bautizará después el infatigable Ugarte. Cuando no queda claro el concepto nacional se apela a la más elástica idea federalista.

Cuando los norteamericanos terminan de pintar su mapa con pigmentación mejicana, el temor aumenta en el Continente Mestizo.

Bolívar no fue tan iluso como a veces se le presenta. Vio las dificultades para la formación de una «gran monarquía» o «una gran república» en todo el territorio americano.

Y anotó en su famosa «Carta de Jamaica» (1815) que, a pesar de la comunidad de origen, lengua, religión y costumbres, «no es posible, porque climas remotos, situaciones diversas, intereses opuestos, caracteres desemejantes dividen a nuestros pueblos americanos».

En el fondo era el objetivo integracionista que obedecía al subconsciente histórico. No hubo tanta originalidad en el planteamiento unitario por parte de los fundadores. En la geología histórica hispanoamericana la idea integradora tenía veta veterana en los imperios indígenas. La conquista española la facilitó con la rueda, el caballo y sus parientes pobres, amén del espíritu de aventura de los caballeros. Entre relinchos y versos se fue hablando un lenguaje común. Cervantes fue el mejor conquistador. El criollismo, el romanticismo, el patriotismo continental, brindaron faz y perfil al hombre americano. La nueva cabalgata se empieza a nombre de los americanos, no de gentilicio nacional alguno. Eso vino después. Pero en el principio no fue así.

Varela, el precursor, hablaba del amor de los americanos a la independencia. Sólo que este título era válido para todo el hemisferio, de punta a punta. Luego fue confiscado por los rubios del norte, acaso por el poco «glamour» del término estadounidense. Al final de la centuria Martí esculpía: «De América soy hijo, a ella me debo».

Esta nueva anfibología ha hecho que las relaciones norte-sur hayan pasado por las situaciones más disímiles y las conclusiones más dispares. Desde la *nordomanía*, que padecieron muchos próceres hispanoamericanos, hasta la «*yanqui fobia*» que oxidó a tantos personajes.

Rubén Darío aúna personalmente esta ambivalencia. En su «Salutación al Aguila» canta a la hermandad y a la mágica influencia del águila norteamericana hacia el cóndor andino. En cambio en su «Salutación del Optimista» saluda a las «ínclitas razas ubérrimas, sangre de Hispania fecunda» en un himno de esperanza a los valores propios hispanoamericanos. Más duro todavía, en su famosa oda a Roosevelt, el poeta advierte las diferencias entre los Estados Unidos, «el futuro invasor» y «la América ingenua» que «aún reza a Jesucristo y aún habla en español». Y reta drásticamente:

«Y, pues contáis con todo, falta una cosas: ¡Dios!»

Algo de «Mr. Jeckyl and Mr. Hyde» se esconde en este tinglado. Según las circunstancias aparece una u otra de las facetas de la complicada relación donde lo político recorre todo el ámbito continental.

Por otra parte, no hay que olvidar que en las antiguas Trece Colonias también se produce un patrón dualista en torno a las relaciones con lo que algunos llaman despectivamente el «backyard». Nada menos que John Quincy Adams llegó a pontificar que «no existe comunidad de intereses entre Norte y Sur-América».

Pero Henry Clay se admiraba del «espectáculo glorioso de 18 millones de seres humanos luchando por su libertad» y añadió votos por «el establecimiento y estabilidad, en Latinoamérica, de Repúblicas libres y prósperas». Esta doble actitud se traduce frecuentemente en una política oscilante entre el bilaterismo y el multilateralismo. El nacionalismo egoísta de cada país favorece la flexibilidad bilateral a expensas de los productores vecinos. Tampoco la Europa Comunitaria ha escapado a esta tentación que engrandece cómodamente el divisionismo interamericano. Resulta más fácil lograr acuerdos de fuerte a débil que de potencia a potencia. Y así se van consiguiendo mejores precios de azúcar, café, cacao, cobre, estaño o bananos, no ciertamente para los países pequeños. Pero acaso lo más triste sea que ni en las sibilinas transacciones bilaterales se sabe exigir condiciones para elevar los niveles democráticos y de respeto a los derechos humanos. Y pueblo que compra manda...

III- Interdependencia en el Mundo de Hoy

«La voluntad de no dependencia» es el sello oficial del Estado Nacional, ha sentenciado Raymond Aron, pero sabemos que el arte de la convivencia y de la paz estriba en la coordinación de los diversos «intereses nacionales». De ahí que el mundo de hoy marche hacia una «interdependencia» más realista. El mito de la soberanía absoluta es un manto real que las repúblicas americanas —y las otras— no han podido quitarse del todo. De la filiación divina de las facultades omnímodas del monarca se pasó a la deificación masiva del pueblo. Un pueblo al que se le piropea diciéndole que nunca se equivoca. Se fomenta un nacionalismo pasional de la peor especie en el que la persona humana se disuelve colectivamente en un peligroso estatismo nacionalista. Nuevamente se produce un choque entre el **ser** —el ser humano— y el **qué hacer** —el papel del ciudadano. Ahora, con la lucha por los derechos humanos, se va recordando que ninguna colectividad tiene derecho para esquilmar la dignidad del hombre. No puede haber fueros para la injusticia escondida bajo el parapeto de la soberanía estatal. Existe un *ius naturalis*, un derecho de gentes, que Dios, a través de la naturaleza, dio al hombre con anterioridad a cualquier derecho positivo. En la pirámide jurídica siempre hay que situar, en su basemento, la ley natural. Los valores inferiores deben supeditarse —en caso de conflicto— a los superiores. Esto explica la justificación del hurto famélico. Comer es previo a tener. Es justo y bueno el principio de que un estado no intervenga en los asuntos de otros. En la propia Habana, en 1928, se aprobó, en la Sexta Conferencia Panamericana, este sano principio de respetabilidad o de no injerencia, que es complemento directo de la autodeterminación de los pueblos. Pero algunos quieren convertir estos saludables derechos fraternos en cobarde pecado de omisión, al estilo pilatesco. Se pretende así bajo la sombrilla protectora de la soberanía nacional que el sol no alumbre jamás en territorios tiranizados. Es obligación de la comunidad internacional la defensa del hombre, impotente ante la vesania estatal, casi siempre títere a su vez de interventores extraños. En el caso interamericano existe todas las coordenadas jurídicas suficiente como para orientar el camino hacia la liberad.

Un sano nacionalismo es prenda de salud pública. El amor al suelo en que se nació, o el que se escogió por vocación patriótica, forma parte integral de la persona humana.

El apátrida voluntario es un patricida por paterna genealogía etimológica. La patria marcha siempre a donde vaya quien la siente. aunque cambie de pasaporte. La diferencia básica entre un emigrante y un exilado estriba en que el primero deja patria por fortuna y el segundo fortuna por patria. El primero sale con espíritu de alejamiento, el segundo con ánimo de regreso. No importan las clasificaciones legales de las leyes inmigratorias. Ya se ha dicho que la letra mata, pero el espíritu vivifica.

Salvemos, pues, ese nacionalismo que enriquece el espíritu individual y colectivo de cada pueblo. Vivamos a plenitud el orgullo nacional que nos vincula a nuestros conterráneos, que perfila nuestra común historia, que traza nuestro rumbo futuro, que nos tienta al abrazo biológico, que dialoga en nuestros éxitos y frustraciones. Viva, pues, el encandilamiento amoroso con nuestra identidad nacional, de nuestra cuna inevitable (nacimiento, nación), de nuestra ara sin pedestal.

Pero sepamos respetar el pudor de otros amores vecino, de otros hogares nacionales, tan orgullosos de sus tradiciones y de su familia espiritual como nosotros. Y no se piensa en un idealismo romántico trasnochado cuando proclamamos estas posturas nacionalistas. Los estados nacionales tienen que responder a sus más legítimos intereses.

Pero hay un falso idealismo como hay un falso realismo. La belicosidad nacional de la Europa de los primeros cincuenta años de este siglo tuvo mucho que ver con ambas posturas falsas. Los errores de los dirigentes nacionales de casi todos los países forman parte integrante de las causales de guerra mundiales. En la conocida y certera frase de Juárez habría que entender que el interés nacional forma parte del derecho de cada país a ser respetado en beneficio de la paz. Y no puede excluirse tampoco de la vocación nacional, la legítima defensa y el mantenimiento del credo ideológico.

El arte para un orden justiciero internacional ha de tener como premisa un sentido de la *ekúmene*, de la universalidad del hombre, más allá de sus notas nacionales. Este principio básico de solidaridad es un antídoto formidable contra el *chovinismo*, pedantería nacionalistoide con pujos de superioridad, ridícula arrogancia, engendradora de odios fanáticos.

Tampoco puede perderse de vista la dinámica histórica. En la evolución de muchos pueblos ocurre con frecuencia que de un estado de dependencia, tutelaje o clientela, surgen soberanías nacionales que sería inconsecuente desconocer. A veces por simple desprendimiento o natural adolescencia de pueblos jóvenes. En el mapa americano, una policromía bien pluralista nos habla mucho del respeto que merecen, no obstante su pequeñez material, países que transformaron la que fue frágil flor incipiente en fruto nacional de sabor muy propio.

Nada de lo anterior obsta para que se piense de nuevo en el nacionalismo continental.

IV- Nacionalismo e Internacionalismo

Estamos en una etapa de Pueblos Continentes (EEUU, Unión Soviética, China, Comunidad Europea) que han sabido convertir las fronteras en caminos para integrarse en latifundios nacionales, más acordes con las escalas de mercados comunes del saber y de la industria, de la política y del comercio, de la preteridad y la modernidad. Pero las macronaciones no han de anular el sueño nacional. Como en la escalera, los peldaños anteriores, y los posteriores, permiten el paso para la ascensión. Como las estrellas en constelación o las islas en archipiélago.

Las recaídas en nacionalismo transnochados son preludios de nuevas rivalidades bélicas.

El pangermanismo, el paneslavismo o cualquier otra forma de imperialismo nacionalista, no logra al cabo sino subdividir más el mapamundi. El comunismo internacional ha sido el más demoledor de todos esto **ismos**. Dos Alemanias, dos Coreas, dos Vietnams, dos Chinas, son tristes testimonios de este virus deletéreo. Para no hablar del bloque enjaulado tras cortinas de hierro, victima del totalitarismo xenófobo más férreo que se conoce. Ni tampoco para incursionar en Afganistan o en las selva angoleñas.

Estamos en un mundo en donde el aislacionismo resulta imposible. La independencia absoluta no existe ni aún en los que más se jactan de rebledía. Ya hablamos de *inter-dependencia*.

Todas somos acreedores y deudores. Ni el dólar es soberano e independiente.

La soberbia nacionalista necesita una inyección de humildad solidaria. El tercer mundo se cuela en el primero. Y viceversa. La interdependencia es también un espejo en el interior de cada país que nos avergüenza por su clasista diversidad. La cacareada «perestroika», y el «glasnost» del señor Gorbachev no deja de ser un reconocimiento humillante a la penetrabilidad de toda la piel soviética a factores exógenos. La presión osmótica internacional atraviesa cortinas férreas. Pero el sistema soviético está acostumbrado a las volteretas dialécticas. De la no-agresión-pactada fácilmente se pasa a la agresión sin pacto. El comunismo ha apelado oportunísticamente al nacionalismo o al internacionalismo. La estrategia de Lenin tuvo siempre fachada internacional. Y la de Trosky, antes de su exilio. En el exterior el disidente revolucionario caló el valor que podría tener el nacionalismo habilmente manejado. Lo del «proletariado internacional» ha sido carta escondida en el rejuego revolucionario mundial. En la oposición a Trosky, Stalin se hizo más violentamente nacionalista, para formar su unión de repúblicas, a un costo millonario de «mujiks», casi todos ucranianos. La tecnología posee un sentido del humor que se burla hoy de viejos mitos. La velocidad de comunicaciones y transportes, el «boom» demográfico, la capacidad de espionaje secretamente descubre los arcanos nacionales ajenos. La aceleración de la historia bate «records» diariamente. Ya no hay que medir distancias sino acercamientos. Las barreras, las murallas chinas, van cayendo implacablemente. No cabe la ceguera, la sordera ni el silencio en el planeta. Se internacionalizan los gustos y las comidas. Se olfatea el paisaje y la mezcla de razas. La naranja terrestre cobra cada vez mayor conciencia unitaria a pesar de la riña diaria de intereses batientes. Peter Drucker habla siempre de «The Global Shopping Center».

El nada humano me es ajeno pudiera ser inicio de estrofa en el himno mundial. El tríptico francés recobra impulso. ¿Estaremos en los albores de una civilización más fraterna e igualitaria? Solamente, creemos, si la tercia parte de ese trío virtuoso, —la libertas— eleva su bandera hasta lo más alto del mástil.

Sin libertad todo es inútil. Una pasión inútil. *Conditio sinae quae non* de la dignidad humana es la capacidad de elección. «Estamos condenados a ser libres» dijo asustado Sartre. No somos libres de ser libres, por decreto divino. De ahí la inevitable responsabilidad de todos los pasos perdidos —o no— del ser humano.

Los hombre y los pueblos no existen yuxtapuestos como árboles en bosques, peces en manchas o piedras en casa. Paradójicamente la libertad funde y obliga. La libertad implica la negación de todo monismo determinista, el reconocimiento de un sano pluralismo en el pensar, el sentir y el hacer humanos. Sin libertinaje, sin fanatismo de ninguna especie. Los hombres y los pueblos, como la piedra en el lago, han de vivir inmersos en círculos concéntricos —no secantes— que anillen sus intereses, para que puedan convivir libremente, en amistad, la persona y el ciudadano, el individuo y las comunidad, lo nacional con lo supranacional, lo natural con lo racional, lo humano con lo divino.

En torno al nacionalismo, como en la historia de tantos otros *ismos*, ha surgido, pues, una serie de mitos que desorientan la realidad y la desfiguran de tal manera que resulta irreconocible para los mismo patricios fundadores. Con buena o mala fe —para el caso es lo mismo— el nacionalismo ha sido un instrumento de disociación entre los hombres, en lugar de una fuerza unitaria, como fue en el espuelazo inicial de nuestra luchas independentistas. Se impone, pues, ir al rescate de cuanto es y representa —hoy como ayer— esta idea-fuerza que conmovió a tantas mentes y corazones de tantas generaciones en la historias. Un sentido crítico, un propósito de reflexión, tal vez sea un factor indispensable, para ajustar el juicio a la realidad. Ni el ditirambo vacuo, ni la censura impenitente o el análisis indiscriminado. Entre el freno y la caldera hay que andar en cosas de pueblo expresó nuestro José Martí. Hemos de combinar nuestro amor por «la patria chica» y por la Patria Grande, acorde con la solidaridad y la modernidad del planeta que hoy habitamos. Como en casi todos los problemas humanos el asunto se reduce a establecer la pirámide axiológica, en la que el único Soberano Absoluto ha de ser Dios mismo, cúspide de todos los valores espirituales. Reconocidos los derechos divinos todos los demás derechos humanos brotarán espontánea y justamente. «La democracia moderna —ha dicho Octavio Paz— había consumado la separación entre la religión y la política; el totalitarismo las vuelve a unir pero invertidas... ahora la política es el contenido de la pseudoreligión totalitaria... una ideología pseudo científica que pretende ser una ciencia universal de la historia y de la sociedad».

En la raíz de todos los mitos —raza, nación, sexo, poder, dinero, revolución...— siempre ocurre lo mismo: de un valor relativo, limitado, humano, se hace un endiosamiento absoluto, que tuerce y amarra al hombre. El racismo, el nacionalismo enfermizo, el pansexualismo, el poder totalitario, el capitalismo materialista, el revolucionarismo sistemático, no son sino simples muestras de este desborde humano por crear panteones de diosecillos endebles, idolatrías de becerros, fanatismo ciegos, que trocan el amor en odio, la verdad en mentira, la bondad en vicio, la oportunidad en oportunismo.

Volvamos pues a un nacionalismo sin atrofias ni hipertrofias, en donde no se confunda el patriotismo con la patriotería, sin que la geofagia económica o política de los grandes potencias devore a las pequeñas minorías nacionales, ni menos resulte pretexto para aplastar a la persona humana en nombre de ninguna bandera política nacional o estatal ya que la fraternidad humana ha de superar cualquier otra diferencia que divida a los pueblos. La solidaridad ha de imponerse a cualquier falsa soberanía que sirva de amparo a la violación de los derechos humanos. Si el suelo es divisible, si los territorios nacionales tienen fronteras, el cielo humano, el afán de justicia y libertad, carece de compartimentos estancos, se expresa en todos las lenguas y se hace visible en todas las astas donde los pabellones nacionales vuelan libremente.

Bibliografía

Alba Victor. *Nationalism without nations. The oligarchy versus People in Latin America*. New York Proeger 1968.
Baquero Gastón. *Jorge Mañach o la tragedia de la inteligencia en la America Hispana*. Cuba Nueva. Miami. Florida. I No.12 (1962).
Berlin Isaiah. *El Árbol que crece torcido*. México 1992.
Bobbio Norberto. *Gobierno, Estado, Sociedad*. Fondo de Cultura Economica, México 1985.
Carr E.H. *Nationalism and After*. MacMillan, New York 1945. Alianza Editorial. Madrid, 1973.
Durkheim. *Selected Writings*. Cambridge 1972.
Friedrich Carl J.. *Europa: El Surgimiento de una Nación*.
Gellner E.. *Thoughts and Change*. Chicago 1965.
Guibernau Monserrate. *Los Nacionalismos*. Barcelona 1996.
Halperin Ernest. *Nationalism and Communism in Chile*. Cambridge. MI.T.
Hayes J.H. Carlton. *El Nacionalismo una religión*. México 1966.
Hutcuinson John., Smith Anthony. *Nationalism*. Oxford Univeristy Press. 1994.
Juan Pablo II. *Discurso Al Mundo de la Cultura*. Universidad de la Habana. 23 de Enero de 1998. Miami 1998.
Kohn Hans. *The idea of Nationalism*. A study of its origen and Background. New York. McMillan.1944.
Kohn Hans. *Nationalism. Its Meaning and history*. New York. 1965.
Koppany Santa-Pinter. *Puerto Rico e Inglaterra en la Búsqueda de la Identidad*. El Nuevo Herald. Miami. 20 de Septiembre de 1997. Miami Fl.
Llerena Mario. *La tres oprimes de Cuba, Dicotomía del Pueblo y la Nación, antrarlos* publicados en el Diario Las Americas Julio 1997. Miami Fl.
Pokroski y Otros. *Historias de las Ideas Políticas*. Editorial Grijalbo. México. D.F. 1966.
Rasco José Ignacio. *Los Grandes Creadores de nuestra Nacionalidad*. La Habana.1962
Rasco José Ignacio. *Hispanidad y Cubanidad*. Miami Florida. 19
Renán Ernest. *¿Qué es una Nación? Cartas a Strauss*. Alianza Editorial. Madrid. 1987.

Rojas Rafael. *La Nación que nos falta a los Cubanos*. El Nuevo Herald. Miami. 14 de Agosto 1996.

Shaffer Boyd C. *Faces of Nationalism*. New Realities and Old Myths. New York. 1972.

Silvert K.H.. Expectant People. *Nationalism and Development*. New York. 1963.

Torres Amalia de la . *Jorge Mañch. Maestro del Ensayo*. Ediciones Universal. Miami, 1971.

Touchard Jean. Historia de las Ideas Políticas. Editorial Tecnos Madrid. 1977.

Valdespino Andrés. *Jorge Mañach y su generación en las letras Cubanas*. Ediciones Universal. Miami. 1971.

Ward Barbara. *Nationalism and Ideology*. New York. 1966.

Whiteker Arthur. *Nationalism in Latin América*. Past and Present. Gainsville. Florida.

COMENTARIOS A LA CONFERENCIA
DE JOSÉ IGNACIO RASCO:
LA NACIÓN: UN CONCEPTO QUE SE CUESTIONA

Francisco J. Müller

Son tantas las cosas, y tan importantes, que ha mencionado el Dr. Rasco en su presentación que me ponen en la difícil situación de decir algo que valga la pena en sólo 10 minutos. Como vemos, Rasco no ha tocado el tema cubano sino tan solo de pasada, a modo de ejemplos. A propósito ha querido permanecer en el ámbito de lo universal y de lo histórico general, como para encauzar toda esta serie que hoy comienza por los carriles seguros de conceptos claves bien definidos. Si quisiera resumir sus ideas claves, los KeyWords, como dicen hoy día en las bibliotecas, estas serían:
NACIÓN—ESTADO — NACIONALIDAD—NACIONALISMO.

Sobre la primera pareja de conceptos creo que Rasco nos ha convencido a todos de la no equivalencia entre ambos conceptos. Con simples ejemplos históricos vimos cómo ha habido naciones sin forma jurídica estatal y viceversa, repúblicas formalmente constituídas en estados y que solo después «nacen»como naciones. Por abundar en estos ejemplos me gustaría recordar aquí la terrible frase del Padre Félix Varela cuando tras su cuasi-trágica experiencia en la España de Fernando VII dijo que España era «un cadáver». Y, sin embargo vemos que ese cadáver se recuperó. La robusta nación española pudo salir de los cantifleos de Fernando VII, así como de otras mayores crisis que le vendrían después. Y ahí esta en pie. Creo que su existencia, como la de cualquier otra cosa, no se prueba de otra manera sino... existiendo. Quisiera yo utilizar también esta «prueba de fuego»respecto a la nación cubana. Sabemos que en su relativamente breve historia, el 50% de sus gobiernos han sido tiránicos y, por tanto han decapitado la cabeza del estado cubano. ¿Dejó de ser nación Cuba por eso? Bueno. Dejemos esta pregunta para subsiguientes conferencias. Pero en definitiva, como dice el Evangelio, «por sus frutos los conoceréis». Las semillas que sembraron el Padre Varela y José Martí en Cuba, veremos si salen o no de la crisis presente. No es ese el tema principal ni mío ni de Rasco.... Volvamos a lo universal.

En esclarecedora síntesis Jose Ignacio nos ha desgranado aquí los ingredientes esenciales de la nación: la etnia u origen biológico, la tierra, el idioma, la cultura, la religión, la conciencia colectiva de su historia, de sus dolores y triunfos, y la esperanza de sus proyectos y metas teleológicas.

Todos estos ingredientes son esenciales aunque, dijo él, no siempre tienen la misma importancia. Una cosa esta clara para mí: lo vital de la nación es el «nacer», y no solo nacer el grupo como tal sino el nacer cada uno de los integrantes de la misma. Cualquiera otra sociedad, por ejemplo deportiva, o científica, o económica, etc. existen después de la existencia de sus miembros. Pero la nación incluye el hecho primordial del «nacer», religándolos con nexos de sangre y raza. A esta religación puramente biológica hay que añadir la propiamente humana, que es la de la comunicación, (la palabra), ese maravilloso don que une los espíritus, que si se pronuncian con sinceridad tienen un carácter casi sacramental: es decir, realizan lo que pronuncian. De esta conjunción simultánea y vital de elementos materiales, (raza, territorio, comida, animales, materiales, casas, recursos, etc) y espirituales: comunicación, conocimiento, amor, cooperación, amistad, trabajo, cultura común, esfuerzo común, metas, ilusiones, planes, proyectos, etc. y todo ello practicado según los dictados rectos de la Ley Natural, religiosamente percibida o no, pero siempre como un deber y compromiso moral, de ahí «nace» la nación. Después, y como colofón de la perfección, vendrá el Estado, a organizar jurídicamente la administración de la justicia. Pero dada la enorme variedad y complejidad tanto de los integrantes como de los avatares de su historia colectiva ha de entenderse que no podemos obtener un concepto claro y distinto, matemáticamente unívoco y preciso como quisiera Descartes, de nación. Al contrario, prefiero aquí un concepto analógico, como el de los seres mismos que la integran. Creo, por ello, que hay naciones, pero según un más o un menos; más o menos fuertes o débiles, definidas o indefinidas, escuálidas o robustas, permanentes y estables o sujetas a precarias transiciones.

¿De qué depende este grado de unidad, de cohesión y desarrollo de cada nación en particular?

Creo encontrar la respuesta en dos o tres frases citadas por Rasco: la de Martí: ser hombre es ser más que blanco o negro; y la de la Hora 25 que citó: ser hombre está antes que ser ciudadano.

Es decir: el principio de perfección de una nación, como el de toda realidad creada, esta en lo que tiene de común o universal con otras semejantes realidades, no precisamente en lo que tienen de distinto o típico.

A lo primero, a lo común, que es el HECHO de existir, los escolásticos llamaban Existencia, primer acto y primera perfección de todo ser. A lo segundo, que tipifica y diferencia y por tanto, limita, definiéndolo, al ser, le llamaban Esencia. Esto es un principio de la filosofía de Sto. Tomás de Aquino que Maritain suscribe gustoso. Sin embargo muchos de sus discípulos no lo comprendieron.

Volviendo al plano de la nación lo que esto quiere decir es que ser hombre, es decir, persona humana, es común, y por tanto, esta por arriba, de cualquier tipicidad cubana, o alemana, o española, o americana, peruana, etc. Por tanto, si la cubanidad, la hispanidad, la americanidad, etc. no promueven la perfección integral de la persona humana, ipso facto pierden realidad existencial, ahogándose a la larga en su propio localismo regionalismo o nacionalismos exagerados. De ahí la frase de Martí y de la Hora 25.

Jose Ignacio lo menciona al final de su presentación cuando se topa con el problema del nacionalismo imperialista o del internacionalismo del dinero. Ninguna globalización mundial que apabulle las identidades nacionales de las personas humanas puede ser buena. Sería una organización mundial sin órganos que organizar, una pirámide sin escalones que escalar, como dijo él tan gráficamente.

La causa común de estas aberraciones nacionalistas e imperialistas es el énfasis en solo un aspecto de la realidad: el territorio, o el poder, o la industria, o simplemente el dinero.
Todo ello denota una depreciación de lo que es típicamente humano, que es la vida virtuosa, la amistad cívica, la justicia, la cultura, y la vida trans-histórica de las personas, que aspiran a una universalidad mas allá de todo espacio y tiempo, incluso que aspiran a la totalidad del Dios infinito. Pero este universalismo a que aspira la persona humana, espiritual y responsable, es muy distinto del internacionalismo del dinero o del poder político, que siempre parten del individualismo egoísta, como un cáncer que amenaza invadir los demás órganos dentro de la nación o fuera de ella.

Ciertamente la globalización, el gobierno mundial, los problemas técnicos y ecológicos comunes, etc. han de considerarse como realidades positivas del futuro, pero siempre y cuando se respeten esas naciones y estados de cuya saludable existencia y coexistencia es que depende, precisamente, que el nuevo orden no se corrompa, despersonalizándose, inhumanizándose.

Se que al plantearse entre nosotros esta serie sobre la Nación Cubana, si existe o no existe, algunas personas casi se insultaron, solo de pensar en cuestionar la sagrada realidad de la patria. José Ignacio ha ido más allá. No es que se cuestione el caso de Cuba. Es que el mundo entero cuestiona si las naciones persistirán o no. Para algunos futuristas la época de las naciones ya ha pasado. Yo diría con mas precisión que la época de los nacionalismos inmaduros, hitleristas, fascistas, comunistas y socialistas, es lo que debe de pasar. Cuando el nacionalismo se entiende bien, como virtud cívica y patriótica al estilo del Padre Varela, incluso bajo el amparo de la religión,(«Ay de mí si me olvido de ti, Jerusalén»), ese nacionalismo no solamente no puede pasar sino que es la única base para que la persona humana, sin perder su raíz local, pueda aspirar al enriquecimiento universal propio y al enriquecimiento, tanto espiritual como material, de toda otra persona humana.

Claro que esta concordia mundial de naciones es muy difícil de lograr. Porque, a diferencia de un cuerpo biológico que siempre se desarrolla armónicamente, mediante la multiplicación y diferenciación de sus células y órganos, el mundo, hasta ahora, no tiene unidad orgánica, y lamentablemente muchas naciones han nacido no como hijas de una Madre Patria que las despide al llegar a la pubertad, sino como hijas rebeldes bajo la bandera de la guerra, (¡casi todas!), o por los fanatismos y persecuciones religiosas (muchas de Europa y América).

Por eso en este punto creo que se impone el «olvido histórico» de que habla Renán. El abandono de los prejuicios históricos, sea por cuestiones de fronteras o de comercio o de religión. Esta es la esencia de la nueva reconciliación: que es lo único que nos puede librar de las cadenas de un pasado envenenado por el odio. Si la esencia de la cubanidad es el «amor», en frase de Grau San Martín, y la Virgen de la Caridad es su patrona, Cuba tiene una buena probabilidad de ser libre en un futuro no muy lejano, librándose del destructor mecanismo del nacionalismo inmaduro, que sabemos que hace 40 años se ha erigido en religión idolátrica y fanatizante, en competencia con la adoración verdadera y sensata que toda persona humana debe a su Creador.

Gracias.

COMENTARIOS A LA CONFERENCIA DE JOSÉ IGNACIO RASCO LA NACIÓN, UN CONCEPTO QUE SE CUESTIONA

Juan José Fernández de Castro

Para analizar el concepto de nación, debemos prestar atención a algunos elementos que consideramos de vital importancia y que o ya han sidos mencionados anteriormente y deben ser resaltados, o que, ha nuestro modo de pensar, deben ser añadidos a las características de las naciones que ya han sido expuestas. Cataloguemos estos elementos en tres puntos que son:
1) Voluntad Humana
2) Cambio Continuo
3) Juicio Valorativo
Finalmente valdría la pena aplicar estas ideas sobre nación al caso de Cuba para lograr resultados más significativos para los que aquí estamos reunidos.

VOLUNTAD HUMANA

No podemos negar la importancia de elementos inconcientes o instinctivos en la forjación de una identidad nacional. Elementos como la homogeniedad racial o étnica, la lengua común, y el compartir la existencia en un territorio marcado por fronteras específicas son todos claramente conducivos a la formación de tal identidad; especialmente en las naciones más antiguas.

Pero, habiendo reconocido este papel importante que juegan los factores inconcientes, sería un grave error el desconocer o subestimar el papel fundamental del esfuerzo conciente en la forjación de una nación; de ahí la importancia de lo que en su descripción del fenómeno nacional el Dr. Rasco denomina la «voluntad gestora». Las naciones son lo que son no en poca medida debido a los hombres y mujeres que a través de la historia han asumido la responsabilidad de encaminarlas en direcciones pre-concebidas. Ahora, que los resultados siempre hayan sidos iguales a las intenciones de sus precursores no siempre han sido los casos. No estamos hablando aquí de teorías de conspiracion en las que pequeños grupos de hombres poderosos hacen y deshacen a las naciones. Se trata de generaciones tras generaciones, que viendo los beneficios en calidad de vida ofrecidos por una unidad nacional mayor, van forjando el camino al desarrollar los idiomas, los mitos, las culturas, las ideologías, y los estados que servirán como los bloques de construcción del edificio que es la nación.

El problema es que en muchos casos queremos negar estos esfuerzos deliberados de los hombres porque se tiene el prejuicio de que solo lo «natural» es verdadero; como que no vale si el hombre haya intervenido en algo tan importante como lo es la formación de la nación. Como en el caso del amor, el romanticismo moderno nos haría creer que un matrimonio que se mantiene por el esfuerzo continuo de la pareja para quererse y servirse mutuamente en vez de por una atracción emocional instintiva es un matrimonio falso, cuando todo lo contrario es verdad. La unión matrimonial, o nacional, que se base solamente sobre un sentimiento emocional sin el esfuerzo creativo del hombre que a través de la caridad es el canalizador del amor de Dios en la tierra, esta destinado a fracasar en el momento en que el enamoramiento se termine y que el primer problema amenace la unidad lograda.

CAMBIO CONTINUO

Otra característica que debemos destacar de las naciones es que éstas nunca terminan de hacerse (o de nacer); sino que siempre están sumerjidas en un proceso de redifinición Las naciones necesariamente tienen que experimentar una continua metamorfosis para adaptarse a nuevas realidades y proveer a los que las comparten nuevas formas de experimentar la autorealización y la felicidad. La modernidad, por ejemplo, obliga a que las naciones encuentren en ideologías y formas de ser nuevas fuerzas cohesivas para suplir el papel que anteriormente habían jugado la raza y la etnicidad.

En este sentido, al hablar de nación no se habla de un estado permanente que se pueda alcanzar definitivamente, sino de un complejo conjunto de tradiciones e instituciones a través de las cuales el Hombre puede expresar su creatividad y su solidaridad con sus semejantes.

Este proceso de redefinición que ocurre en todos los ámbitos (ideología, religión, tradicion, lenguaje, etc.), desde luego provee interminables oportunidades para que esos forjadores concientes de la nacionalidad de los que hablamos anteriormente actúen en cumplimento de su cometido.

JUICIO VALORATIVO

No podríamos terminar esta exposición sin intentar hacer un juicio valorativo sobre la nación. Normalmente, en las conferencias académicas deben suprimirse los juicios subjetivos sobre los temas al considerar, limitándose las exposiciones a una especie de clasificación de los fenómenos en aras de lograr una descripción más precisa y objetiva de éstos. Sin embargo, nos trae a este salón de conferencias grandes inquietudes sobre un tema que nos afecta a cada uno de nosotros en una forma muy directa. Y es que detrás de todo esto está la cuestión de la nación cubana, de su existencia y supervivencia. Ante tales inquietudes, no podemos permanecer sólo como observadores pasivos que contemplamos lo que acontece a nuestro alrededor sin mostrarnos ni en favor ni en contra; y sin intevenir de ninguna forma. Al contrario, tenemos que ejercer juicios y actuar sobre ellos para lograr ser los protagonistas de nuestro proceso histórico.

Cabe preguntar entonces si las naciones son buenas o si son malas. Esta pregunta se podría responder con otra, son los hombres buenos o malos?. Las naciones, como lo hombres que las componen, son una mezcla de bien y de mal, de virtudes y de pecados. Pero si es cierto que el hombre tiene la libertad, regalo de Dios, para poder siempre escoger entre el bien y el mal; también las naciones, guiadas por esas voluntades concientes de las que ya hemos hablado, entran en este tipo de juicio.

En fin de cuentas, como nos asegura el conferencista, es el hombre quien ejerce su juicio sobre las naciones. En tanto y cuanto éstas puedan seguir sirviendo como sostén de una identidad que lo ayude a identificarse psicológicamente, mientras que éstas puedan seguir siendo fuente de orgullo para la persona, mientras que estás provean una función ordenadora de las vida social; seguirán siendo benéficas para el ser humano, y este, protagonista de su propia historia, las mantendrá vigentes. Las naciones sirven como una familia intermediaria entre la familia biológica y la familia humana; y en este sentido, son como el hogar a cuyo seno un hijo pródigo siempre puede volver y sentirse acogido. Podemos ver, pues, que las naciones siguen ocupando un espacio intermediario entre el hombre y el mundo que hasta ahora no ha podido sustituirse satisfactoriamente.

No se puede, sin embargo, clasificar categóricamente a las naciones como absolutamente buenas. Son buenas si sirven al hombre, ofreciendole un ambiente propicio para superarase material y espiritualmente. Pero también las naciones son vulnerables a la contaminacón por anti-valores que son los resultados sociales del pecado. Estos males sociales, si logran arraigarse en las tradiciones e instituciones que la componen, ejercen a su vez una influencia perjudicial para la verdadera felicidad del ser humano.

Cabe resaltar que cuando una nación asume modos de actuar y pensar perniciosos, se cumple lo expresado por Renán al Hombre rechazar instintivamente el conjunto nacional. No se evidencia esto más claramente que en el caso de Cuba, en el que una vasta porción del grupo nacional rechaza su identificación con la nación al asociarla con los anti-valores del sistema imperante. Por otra parte, una interpretación demasiada pesimista del fracaso experimentado por el estado republicano de primera mitad de siglo, ha causado que muchos cubanos fuera de la isla también adopten posiciones de rechazo al concepto nacional prefiriendo asimilarse en otras culturas y formas que perciben ser más avanzadas.

Para terminar, quisiera resumir estos tres puntos y lograr identificarlos con el problema que más nos preocupa, el de la nación cubana.

Hemos expresado nuestro convencimiento de que más importante aún que los procesos «naturales» o inconcientes, existe un factor de voluntades conscientes que encausan los procesos nacionales. También hemos visto que estas voluntades actúan sobre un escenario en continuo estado de flujo y que puede ser encausado en direcciones positivas o negativas, según las convicciones éticas de ésos que sobre ella influyen. También hemos abordado el tema de la crisis nacional, que ocurre cuando los valores nacionales se encaminan en direcciones perjudiciales para la felicidad del hombre.

Así llegamos a la nación cubana; nación sumerjida en una crisis de dimensiones colosales a causa de procesos traumáticos que la transforman dentro y fuera del territorio nacional. Sería un error pensar que el veredicto sobre la supervivencia de nuestra nación esta en manos del destino incontrolable. De la misma forma que el actual estado volcó sus recursos en transformar a la nación en algo completamente diferente a la experiencia histórica, cambio que sólo ha contribuido a debilitar la unidad nacional y ha enajenar a sus miembros, los cubanos de buena voluntad tienen que asumir la responsabilidad de nuevamente encaminarla por los caminos de la verdad y la felicidad. Esto se logrará no solamente a través de la acción de un futuro estado que debe sustituir al actual, sino a través de esfuerzos en todos los campos: cultura, lenguaje, religión, sociedad civil, etc. para convertir a nuestra nación en una vivencia positiva no sólo para los cubanos dentro y fuera de la isla, sinó también para la raza humana organizada en comunidad de naciones.

EL DESARROLLO DE LAS NACIONES MODERNAS

Luis A. Gómez Domínguez

«...la humanidad carece, en su extensión total, temporal y espacial, no del todo compenetrada ni comprendida aún, de todo sentido o contenido cultural común».

Ernest Troeltsch,
Obras, III, 705.

«El nacionalismo es una de las más poderosas fuerzas del mundo moderno y una de las más problemáticas».

James Anderson,
The Rise of the Modern State, N.J., 1986.

El llamado principio de las nacionalidades, según Mancini (1851), se puede resumir en «la fuerza actuante de la nación hacia la consecución de su propio Estado».

Oscar Alzaga,
*La Constitución Española de 1978,
Comentario Sistemático*
Madrid, 1978, pag. 100.

1.- INTRODUCCIÓN

Nos proponemos en esta conferencia una breve indagación sobre el desarrollo de las naciones modernas. El tema es demasiado extenso, y nos limitaremos a una visión panorámica de las venturas y desventuras del nacionalismo y de su aporte a la formación del estado moderno. Tendremos para ello en cuenta los hechos más notables relacionados con los movimientos nacionales en el mundo occidental. Esto bastará para percatarnos de la importancia de la nación, de los procesos políticos que han determinado su existencia en la historia moderna y de las ideas que han servido de fundamento al fenómeno de la identidad de los pueblos.

2.- ORIGEN DE LA PALABRA NACIÓN

Lo que el escritor español, Francisco Ayala, ha llamado el «periplo de la palabra nación»es ya de por sí un hecho muy interesante. Don Fernando de los Ríos señalaba que los conceptos «nación» y «nacionalismo» fueron acuñados en el siglo XVIII. La palabra «nacionalidad», aparece con la Revolución francesa de 1789, y fue tardíamente incorporada al Diccionario de la Academia Francesa, en 1835. El adjetivo «nacional» fue usado por primera vez por Novalis en una carta a Goethe en 1789, y empleado poco después por Alejandro de Humboldt. Pero la idea del Estado-nación, políticamente más compleja, aparece mucho antes. Fue puesta en circulación en Francia en el siglo XVI por Juan Bodino en sus «Seis Libros de la República». Mas tarde, en el siglo XVIII, la usa Fichte para alentar el sentimiento nacionalista del pueblo alemán, entonces un mosaico de pequeños estados. Pero las ideas de Bodino, asistemáticas, y asociadas a los intereses de las monarquías absolutas, difieren del concepto del estado-nación que empezó a formarse dos siglos mas tarde.

No debe olvidarse, sin embargo, que el núcleo de esta idea, su acepción más simple, que nada tuvo que ver con el concepto de «nación» de los tiempos modernos, apareció en las Universidades medioevales cuando se designó con ella a los grupos de estudiantes procedentes de una misma región. La palabra resaltaba los lazos de coterraneidad con vistas a la mutua protección y amparo. De tal suerte se hablaba en la Universidad de Bolonia, donde comenzó la costumbre, de las naciones lombarda, toscana, romana y ultramontana. Fueron famosas en la Universidad de París las revueltas de los estudiantes reunidos en «naciones». El término «nación» apuntaba ya al parentesco de la lengua y las costumbres, pero no tenía que ver con las otras connotaciones políticas que se le asignaron posteriormente.

En su obra «Física y Política», Walter Bagehot decía que todos sabemos lo que es una nación en tanto no intentamos definirla, pero lo que parece ser rigurosamente cierto es que no lo sabemos hasta que no se ponen a prueba sus condiciones de existencia. La nación, en muchos casos, puede devenir en un mito, en una ilusión colectiva. En cualquier sociedad, la existencia de la nación se pone a prueba todos los días. Para Bergson, es una «misión»; diríamos que la de crear y mantener la solidaridad de un pueblo.

Las teorías acerca de la «nación» se han clasificado fundamentalmente en dos tipos: objetivas y subjetivas. Los sostenedores de las teorías objetivas, con pretensiones científicas, nos dicen que allí donde hay un pueblo con rasgos comunes que lo individualizan, tenemos una nación. Tales rasgos son la lengua, la raza (?), la ocupación de un territorio, la religión, las costumbres y la cultura dominante. Es el punto de vista tradicional y positivista de la doctrina alemana.

Para las teorías subjetivas, la cuestión fundamental es otra: La voluntad, el propósito de existir coherentemente como pueblo; la de actuar solidariamente en los problemas cotidianos de la comunidad política.

Tal punto de vista es el de la literatura francesa sobre el tema desde los tiempos de Madame Stael. Ha sido persistentemente desarrollado y sostenido por historiadores como Michelet y Renán, filósofos como Berson y juristas de la talla de Houriou. Para ellos la nación surge por el deseo de pertenecer a un pueblo.

Según el pensamiento de Renán, «la nación es un principio espiritual... un plebiscito cotidiano». Pero además de las teorías objetivas y subjetivas que insisten, respectivamente, en los elementos sociológicos y espirituales de la nación, tenemos las teorías mixtas que estiman que la nación es una sociedad natural a la que la unidad de territorio, de origen, de idioma, de costumbres, cuando todos o los más importantes de estos elementos concurren, se añade una conciencia colectiva que les permite reaccionar solidariamente ante los retos del destino. Se infiere que esta doctrina resume las anteriores, siendo por consiguiente, más realista. Fue sostenida, entre otros, por Pascual Mancini, uno de los ideólogos de la unidad italiana, en la lección inaugural de su curso de Derecho Internacional en la Universidad de Turín, en 1851.

Puede parecer que estas ideas son o han sido elaboraciones inútiles; pero es lo cierto que han prestado un gran servicio a la lucha por la unidad nacional; han sido herramientas de las reivindicaciones territoriales de diversas naciones y grupos nacionales, y han sido sostenidas en algunos casos como una convicción pero también con sentido oportunista o con propósitos imperiales.

3.- NUESTRO PUNTO DE VISTA

La existencia de una nación trasciende los seres humanos que la constituyen. La nación, además de ser una comunidad de vida, es una entidad espiritual, ética, que existe como realidad histórica y deja su impronta cotidiana en la vida civil. Con un sentido voluntarista se ha consagrado en el constitucionalismo francés y se mantiene en el Artículo 2 de la Constitución de la Quinta República. Pero las tendencias secesionistas que se observan en importantes naciones del mundo actual, nos llevan a señalar que la nación debe ser indivisible. El secesionismo, la disgregación territorial, es fuente de anarquía política. Previsoramente, el Artículo 2 de la Constitución Española de 1978, a pesar de la discontinuidad del territorio del Estado español, establece «la indisoluble unidad» de la nación como patria común de todos los españoles, aun cuando reconoce la autonomía de las nacionalidades. ¿Qué hubiera sido de la nación norteamericana si Lincoln no se hubiera opuesto enérgicamente a la secesión de los estados sureños? A la primera secesión hubieran seguido otras, estimuladas por la debilidad de un Estado incapaz de controlar la unidad de su territorio. Prevaleció la idea de mantener la Unión y se fueron agregando nuevos territorios a la nación norteamericana hasta convertirla en uno de los Estados más grandes de la tierra.

Hegel y otros han pensado que las ideas gobiernan al mundo. No lo creemos. Pero, al igual que los sentimientos, las ideas tienen un papel muy importante en la vida de las naciones. Las doctrinas objetivas no bastan para explicar el fenómeno de la formación nacional. Podemos tomar como ejemplo el pueblo cubano. Alrededor de la séptima década del pasado siglo, en Cuba se daban todas las condiciones, objetivas y subjetivas para constituir un Estado-nación. Faltaba la experiencia del gobierno propio, pero siguiendo el ejemplo de los pueblos americanos alzados contra España, los cubanos decidieron conquistar con las armas el Estado nacional y la vida independiente. Hoy, sin embargo, carecen de voluntad para recrear un Estado libre, a pesar de que siguen concurriendo en nuestro país los elementos objetivos que nos individualizan como pueblo. El cubano repugna del marxismo y huye masivamente de la Isla, pero como consecuencia del desamor a la nación inculcado por la cultura materialista del internacionalismo proletario, carece de aquellos valores espirituales que tuvieron los fundadores de la nación; no se esfuerza solidariamente por destruir el estado totalitario que lo aplasta y anula su voluntad de convivencia. De aquí que también hagan falta las ideas, los sentimientos de solidaridad y la voluntad política.

Será siempre propio de seres civilizados que las nacionalidades que conviven dentro de un mismo espacio geográfico traten de realizar pacíficamente sus aspiraciones, creando las estructuras adecuadas para los fines de la vida política. Muchas veces esto ha sido imposible debido al hecho de que la nacionalidad es una estructura histórica y social que, frecuentemente, desarrolla un imperialismo cultural y político que entra en conflicto con el orgullo y la auto-estimación de otros grupos nacionales que conviven dentro del mismo territorio, desatando las guerras intestinas que están en el origen y evolución histórica de un buen número de naciones. El nacionalismo suele tener una vocación imperialista o de autosuficiencia irracional y clama por territorios irredentos, espacios geográficos vinculados históricamente a una etnia desde un pasado remoto. El ejemplo contemporáneo más conspicuo es el de «la tierra prometida» de la nación hebrea, expulsada de su suelo, el antiquísimo Canaan, en el año 70 de nuestra era. De su memoria histórica y de la tradición secular que el pueblo hebreo ha conservado ejemplarmente, ha renacido, bajo el impulso del sionismo, el moderno Estado de Israel, que ha repoblado el territorio y reeducado a las emigraciones, creando una nueva tradición, ese «nunca mas», que garantiza su existencia.

4.- LAS VICISITUDES DE LAS NACIONES EUROPEAS

A) Evolución general de 1648 a 1915.

Hasta muy entrada la Edad Moderna predominaron las formas políticas llamadas reinos, principados, ducados, condados, imperios, repúblicas mercantiles u oligárquicas; pero no existían las naciones; menos aún los Estados nacionales, en el sentido en que hoy los entendemos. Hacia la época de los Tratados de Westfalia (1648), el Estado pre-moderno tenia un alto grado de organización. Comenzaba a desaparecer el policentrismo feudal. La teoría del Estado se asociaba a la ideología de las monarquías absolutas. Historiadores y tratadistas de Ciencia política están de acuerdo en que la nación y el Estado son desarrollos políticos asociados a la Época Contemporánea. El Estado-nación en los últimos tres siglos creo imperios multinacionales, y los imperios coloniales que han dado lugar después de la Segunda Guerra Mundial al proceso de descolonización, verdadero parto de naciones.

Pero la descolonización, sobre todo en África, no ha podido llevar a cabo una redistribución del territorio entre las nuevas naciones de acuerdo con las etnias existentes y sus fronteras naturales. Las nuevas naciones, por el contrario, se han creado sobre la base territorial de las colonias europeas preexistentes, por lo que no se ha hecho justicia al principio de autodeterminación de los pueblos. La piel negra no identifica como hermanos a todos los originales del África sub-sahariana; allí, como ocurrió en los orígenes de Europa, existen numerosas naciones, donde el vínculo natural, los lazos tribales, ejercen una profunda influencia; tanta como para impedir una convivencia pacifica y estable. No olvidemos que las guerras intestinas entre las «naciones» africanas fue una concausa del comercio de esclavos de comienzos de los tiempos modernos. Los reyezuelos nativos y los mercaderes de esclavos se beneficiaron del amargo destino de los prisioneros de las guerras tribales.

La descolonización, exigida por los Estados Unidos a sus aliados al finalizar la II Guerra Mundial, fue acelerada por movimientos liberales; pero sobre todo, por revoluciones marxistas organizadas en las colonias. Ha creado Estados multiétnicos como La India, Nigeria, el Congo y otros, en la mayor parte de los cuales no existen ni parecen viables los derechos humanos y la calidad de la vida resulta inferior a la que existía bajo el gobierno de la potencia colonizadora. Etnias muy importantes, con lenguas y credos diferentes han quedado atrapadas dentro de nuevos Estados multinacionales, sobre todo en África; no se les ha permitido expresar sus aspiraciones a la independencia y viven bajo un real sojuzgamiento. Un buen ejemplo es el de la etnia de los ibos, aplastada por el gobierno de Nigeria en la guerra genocida de Biafra (1967-70).

El principio de autodeterminación se invoca frecuentemente para justificar las aspiraciones nacionales. Ha tenido una gran influencia en la Historia Moderna a consecuencia de los conflictos étnicos centroeuropeos. Las dos últimas guerras mundiales han tenido su origen en esta región, la de 1914 en los Balcanes y la de 1939 en la Europa central, en ambos casos como consecuencia de las reivindicaciones nacionalistas. Las reclamaciones de los servios sobre Bosnia-Herzegovina, los llevo al magnicidio de Saravejo, que provoco la Primera Guerra Mundial. Del pavoroso conflicto, que arruinó a Europa, surgieron los actuales Estados centroeuropeos. Pero las soluciones del Tratado de Versalles no tuvieron muy en cuenta el principio de autodeterminación de las naciones apoyado por el Presidente Wilson en sus famosos 14 puntos para la paz. Triunfó el principio de seguridad auspiciado por los grandes poderes, y como resultado de soluciones apoyadas en la geopolítica, del Imperio Austro-Húngaro salieron las pequeñas naciones de Austria, Hungría, Checoslovaquia y Yugoslavia; Rusia tuvo que conceder la independencia a Polonia y segregar de su territorio a los Estados bálticos: Latvia, Estonià, Lituania y Finlandia, que también pujaban por ser libres. Las fronteras de Rusia y Alemania, trazadas con vistas a la seguridad europea, dieron pie a que minorías alemanas quedaran encerradas dentro de Estados limítrofes, y fueran la justificación del nacional socialismo alemán para desatar una guerra por la ciudad libre de Dantzig y el Corredor Polaco, después de haberse anexado Austria, apoderado de los Sudetes y ocupado Checoslovaquia. Estas discordias provocadas por las minorías nacionales han resurgido nuevamente en el actual conflicto yugoslavo, un volcán dormido para la seguridad europea si se radicalizaran los principios de la limpieza étnica o alguna forma de paneslavismo.

La autodeterminación de las nacionalidades europeas parece ser un problema insoluble, a menos que la unidad política de Europa triunfe definitivamente sobre las dificultades del presente. Los europeos parecen aceptar como buena la unidad, pero se muestran reacios a renunciar a su autonomía política y económica, vale decir, al orgullo de la soberanía, que les llevo a tantas guerras en el pasado. Se olvida con frecuencia que el proyecto comunitario solo es alcanzable si el «bicho» humano, domado por la lección de los siglos, busca y practica la solidaridad. Las discordias europeas contemporáneas tienen muy viejas raíces y han originado no sólo las dos grandes guerras de este siglo, sino por lo menos otros cinco grandes conflictos en los que se ha peleado en varios continentes y podrían considerarse como verdaderas guerras mundiales. La cuestión de las fronteras naturales, de la balanza del poder y de las minorías nacionales fueron en el pasado las causas más frecuentes de enfrentamiento entre los grandes poderes. Uno de estos enfrentamientos, provocado por Bismarck en su búsqueda de la unidad alemana, fue la guerra franco-prusiana de 1870-71. Francia fue vencida y tuvo que ceder a Alemania las provincias de Alsacia y Lorena.

En sus reclamaciones posteriores contra Alemania, Francia invocó frecuentemente la interpretación subjetivista de la nación, de la que fue una exposición magistral la justamente famosa conferencia de Renán en la Sorbona, el 11 de mayo de 1882. Renán se preguntaba que era una nación. Y respondía admirablemente: «... es el deseo de vivir juntos; de haber hecho juntos grandes cosas en el pasado y querer hacer otras más». Se refería a las provincias perdidas de Alsacia y Lorena, sin verdadera unidad lingüística y cultural, donde se hablaba el alemán y el francés. Habían sido partes de la nación francesa hasta 1871 y deseaban seguir unidas a Francia. El hecho de que en aquel territorio fronterizo se hablase también la lengua alemana, no justificaba por si mismo la anexión a Alemania, pensaba Renán. Se violaba su autodeterminación. Y Francia no dejo de clamar por la devolución de estas provincias, que recuperó por el Tratado de Versalles al ser vencida Alemania en la Primera Guerra Mundial.

B) Italia.

La unidad territorial y política de Italia había sido la preocupación de estadistas como Maquiavelo en los albores de la época moderna. El grito del Papa Julio II, «fuera los bárbaros», resonó en los oídos italianos desde el Renacimiento hasta el momento de la coronación como Rey de Italia de Victor Manuel II de Saboya. A la terminación de las guerras napoleónicas Italia quedo dividida en nueve estados: Venecia, Lombardía, Cerdeña-Piamonte, Módena, Padua, Lucca, Toscana, Nápoles y los Estados Pontificios. Esta plétora de pequeños poderes exacerbaba las rivalidades locales y favorecía la intervención extranjera para mantener los gobiernos más reaccionarios de Europa. Solamente la pasión patriótica podía unir a los italianos; fue despertada por Mazzini, fundador de la Joven Italia, sociedad secreta opuesta a la monarquía. Mazzini, al igual que Mickiewicz en Polonia, trató de inflamar el sentimiento nacionalista en toda Italia y hasta en Europa, pero su movimiento republicano no tuvo éxito. La unidad italiana, tuvo que venir por otro camino. La diversidad de regiones y países y las costumbres políticas heredadas no la favorecían. En la Italia de esta época, no se hablaba la misma lengua. Solo 2.5% de la población hablaba el italiano. Lo que unía a las diversas regiones y países era una cultura común entre las clases media y alta, que venia desde los tiempos clásicos. De aquí la idoneidad de las ideas de Pascual Mancini, la necesidad de conjugar los factores objetivos y subjetivos referidos, que suelen estar presentes en la estructura social de las naciones. Se ajustaban mejor a la realidad italiana.

Italia, a pesar de su diversidad, podía constituir una nación. La existencia de un solo Estado italiano era un desideratum, una reacción natural para evitar que el territorio de aquellos países fuese frecuentemente botín de vencedores. España, Francia y Austria habían luchado desde la época renacentista por ocupar su suelo. Fue necesaria la visión de un hombre como el Conde de Cavour, quien se dio cuenta de que la unidad tenía que venir por vía de la política voluntarista del Reino de Piamonte-Cerdeña. Era necesario aglutinar alrededor de esta monarquía, una de las más progresistas de su época, a toda la nación italiana, que tuvo en él su mejor estadista. Cavour, con el apoyo de Napoleón III, a quien secreta y hábilmente trajo a su lado, se enfrentó a Austria. Las victorias de Magento y Solferino condujeron a la unidad de toda Italia con el esfuerzo final de Garibaldi. El «risorgimento» nacionalista necesito 21 años (1849-70) para triunfar.

Pero fue después de la unidad y la independencia, por obra de la educación y la progresiva asimilación de regiones y países, que se consideraban legatarios de la antigua Roma, que surgió la nación italiana, centro geográfico del antiguo imperio, heredera de su cultura y de sus glorias y tradiciones. Cuéntase que era tan ajena la lengua italiana a algunas regiones del país, que cuando el Estado recién creado envío maestros a Sicilia para que enseñaran el italiano a sus naturales, estos se imaginaron que hablaban el inglés. Exageración, sin duda, pero que demuestra lo poco que se conocían unas a otras, las regiones del entonces Reino de Italia.

C) España.

El caso de España es muy familiar para los cubanos, en cuyo carácter se refleja el individualismo español. En la época de los Reyes católicos, cuando se produce el Descubrimiento de América, España no existía todavía como nación. La idea de constituir una nación tardó bastante tiempo en aparecer en la conciencia de los españoles. Ni más ni menos, el mismo fenómeno tuvo lugar en otros reinos europeos. La unión matrimonial de Fernando a Isabel echó los cimientos de la futura España. La alianza dinástica reservó a Castilla sus conquistas territoriales y expulsó a los moros y judíos en aras de la unidad política y religiosa, pero no resultó muy claro que la expulsión de estas castas ayudara a la consolidación del poder español. España perdía con ellos una parte muy importante de su capital humano en el momento en que más lo necesitaba, cuando iba a llevar a cabo la conquista y poblamiento de América.

El descubrimiento de América por iniciativa de la Reina Católica, puso en manos de ésta un inmenso imperio que estimuló la prepotencia del reino castellano en la península y la subordinación cultural y política de los demás reinos españoles. Es aquí donde comienza el regionalismo peninsular. El más tozudo, el de los catalanes y los vascos, ha insistido en el separatismo; pero la mayoría de los españoles, muy orgullosos de su historia, parecen desear lo que el historiador Ricardo de la Sierva llama «la España total».

No puede haber duda de que a la unión de sus regiones, los antiguos reinos medioevales, se deben las grandes realizaciones del pueblo español. La forma encontrada por al Constitución de 1978 en su Articulo 2 para resolver la autonomía regional, ha sido el fruto de la sabiduría política. Ha creado la patria común de todos los españoles. La solución ha resultado favorecida por el poder moderador del monarca como guía de la nación. La exacerbación del problema regional después de la muerte de Franco, en cuanto busca la independencia regional, es anacrónico, no está de acuerdo con la evolución europea ni tiene en cuenta las tendencias de la aldea «global».

D) Inglaterra.

Inglaterra es también un Estado multinacional creado por vínculos monárquicos. Desde comienzos del pasado siglo ha tenido que enfrentarse con varios movimientos nacionalistas radicales, entre otros, 'LA HERMANDAD REPUBLICANA IRLANDESA' (fenianos), y su brazo armado EL EJÉRCITO REPUBLICANO IRLANDÉS' (IRA), originados en las fraternidades revolucionarias anteriores a 1848. A principio de siglo los fenianos desataron una violenta lucha con uso frecuente del terror. Irlanda del Sur obtuvo finalmente la independencia en 1921, pero quedó bajo el control inglés una porción del territorio, la Irlanda del Norte, donde la rebelión ha continuado, a pesar de tener su propio Parlamento en Belfast para el gobierno de las cuestiones domésticas. En estos momentos parece haberse llegado a un acuerdo entre las facciones, aun cuando los más radicales amenazan con continuar la lucha.

En cuanto a los movimientos nacionalistas galeses y escoceses se observa un cambio evolutivo. Escocia ha abierto nuevamente su parlamento en Edimburgo. En general, a pesar de estas concesiones a las minorías nacionales, el Reino Unido no esta tan unido como aparenta.

E) Grecia y Bélgica.

Los primeros países europeos que lograron convertirse en Estados después de la Paz de Viena en 1815 fueron Grecia y Bélgica. Las revoluciones que cambiaron el destino de estos países (Grecia 1821-1829) y Bélgica (1829), fueron también de carácter nacionalista y liberal. La Lucha por la independencia de Grecia tuvo el apoyo del campesinado y de las clases mercantiles. Triunfó gracias al decidido apoyo de Francia, Inglaterra y Rusia, conjuradas contra la presencia otomana en Europa. En cuanto al Bélgica, pocos países han sufrido las vicisitudes de esta pequeña y admirable nación. Al terminar las guerras napoleónicas en 1815, fue anexada a Holanda, de la cual se separó por la revolución de 1831.

En el tratado de paz, Inglaterra, por razones de seguridad, buscando el equilibrio del poder en Europa Occidental, sirvió de garante a la independencia de Bélgica, que surgió al mundo de las naciones como una monarquía constitucional. Es un país formado por dos grupos nacionales, los flamencos y los valones, por lo que tampoco ha escapado a las dificultades de gobierno e identidad de los Estados multinacionales.

F) Los Balcanes y Turquía.

Durante el período que estamos considerando surgieron en Europa movimientos nacionalistas revolucionarios como la «Joven Europa», « La Joven Italia», «La Joven Alemania», «La Joven Francia», «La Joven Escandinavia», «La Joven Polonia», «La Joven Suiza» y los jóvenes checos y turcos, cada uno con su respectiva agenda libertaria. Los conflictos balcánicos que precedieron a la Primera Guerra Mundial, atizados por el movimiento paneslavista, trajeron la independencia de Servia, Rumanía y Bulgaria. Los jóvenes turcos triunfaron después de la Primera Guerra Mundial con el derrocamiento del sultán y el establecimiento de una república, que bajo la presidencia de Kemal Ataturk inicio la modernización de Turquía. La aparición de «La Joven Cuba», en nuestro país, fue un reflejo tardío y extemporáneo de estos movimientos nacionalistas.

G) Rusia.

Los problemas más graves de los movimientos nacionalistas de este siglo están gestándose en Rusia. Debido a la vastedad del territorio y a la disolución del Estado totalitario, el principio de autodeterminación de las nacionalidades esta minando la unidad del inmenso Estado Ruso, poblado por decenas de etnias, lenguas y culturas diferentes, dentro de las que ha reinado un sentimiento de hostilidad hacia la nación rusa dominante. Esta, en su beneficio, ha mantenido un imperialismo político, económico y cultural sobre los pueblos a ella sometidos a través de un largo proceso histórico de conquista y dominación, que extendió el imperio de los zares hasta el Pacífico. La separación reciente de los Países Bálticos, de Bielorusia,

Ucrania, Georgia y la rebelión de Chechenia, ponen de manifiesto el espíritu de secesión desencadenado por la caída del imperio soviético. La cuestión de las minorías nacionales era ya el problema fundamental de Rusia a la terminación de la Primera Guerra Mundial. Lenin pactó con Alemania en Brest-Listovsk una paz por separado con la promesa de resolver la cuestión de las nacionalidades, enconada por la guerra. Pero la ambición de crear un gran Estado multinacional con propósitos totalitarios y de dominación mundial del comunismo, se lo impedían. Stalin, su sucesor, pronto elaboró una doctrina objetivista de las nacionalidades para justificar la creación de un Estado multinacional controlado por el Partido, y se adelantó en aplastar las tensiones nacionalistas que amenazaban al nuevo imperio. La suerte de la nación turca, nómada, asentada en la región del lago de Baikal, es un buen ejemplo de cómo se extermina a un pueblo y se le despoja de su territorio, cambiando su identidad, usos y costumbres hasta hacerlo sedentario.

5.- VENTURAS Y DESVENTURAS DEL NACIONALISMO

Hemos expuesto las vicisitudes políticas de algunas naciones europeas para ilustrar el hecho de que la nación y el Estado-nación son fenómenos históricos modernos. La nación, se ha dicho con razón, no es tan vieja como la historia. Pero se aclararían las ideas si añadiésemos algo más sobre este dínamo del cambio en los pueblos modernos que es el nacionalismo, fenómeno calificado también como «muy ambiguo». Fueron las revoluciones inglesa, francesa y americana, las que dieron al nacionalismo su sentido moderno. El pueblo francés, o más bien, la burguesía francesa, dio su contenido al nacionalismo al desarrollar el concepto de nación. La revolución hizo de los súbditos «ciudadanos», y estos, al tomar conciencia de su poder, exigieron que el «soberano» se convirtiera en «monarca» con limitaciones constitucionales. Tales cambios revolucionarios en la naturaleza de la sociedad y del Estado devinieron de inmediato en las premisas fundamentales del nacionalismo liberal, llevado por los ejércitos napoleónicos al resto de Europa. De aquí que al caer Napoleón, en el Congreso de Viena, encargado de establecer los nuevos fundamentos de la paz, se impusiera el principio de la restauración y se creara una Santa Alianza de las monarquías de derecho divino, a fin de detener la expansión del liberalismo nacionalista y revolucionario. Pero fue imposible desarraigar estas ideas. Ya se habían apoderado de la conciencia europea.

Hans Khon señala que los orígenes del nacionalismo se encuentran dentro de la cultura occidental, en el legado griego y hebreo, y agrega que en tanto el pueblo griego «desarrolló» el concepto de lealtad suprema hacia la «Comunidad Política», «los hebreos nos trasmitieron la idea del pueblo elegido, la importancia del pasado común y el sentido del mesianismo». Estas ideas constituyen el meollo del nacionalismo, y dieron origen al concepto de «patria» agregamos nosotros. Obsérvese que las monarquías absolutas se consideraban de derecho divino y tenían un concepto patrimonial del poder, sin sentido de lealtad a la comunidad que gobernaban; de ahí que con frecuencia se dividieran los reinos entre los miembros de una casa real, como ocurrió en el Tratado de Verdún (843) entre los descendientes del Carlomagno.

Fue lógico, pues, que contemporáneamente, el nacionalismo invocara la inalienabilidad del territorio, el traspaso de la soberanía al pueblo y la igualdad ante la Ley. El nacionalismo era un descendiente directo de la «Ilustración» y reflejó de inmediato la creciente importancia de la «intelligentzia» en el desarrollo de la sociedad. De ahí el sentido de superioridad cultural que señala el Prof. Rodríguez-Zapata en la ideología nacionalista.

Los movimientos nacionalistas se apoderaron de la opinión europea y americana a lo largo del siglo XIX, crearon muchas de las naciones modernas, y sobre todo, el nuevo orden democrático y republicano que apareció en los pueblos emergentes de América. Hacia 1848 la exaltación nacionalista fue tal, que se llamo a este año, dominado por los sentimientos revolucionarios, infiltrados ya por la propaganda marxista, «la primavera de las naciones». La expresión se ha vuelto a usar con el derrumbe del imperio soviético, la reaparición de naciones que habían sido borradas del mapa europeo y la creación de otras nuevas.

El profesor Jorge Rodríguez-Zapata piensa que, actualmente, el principio de las nacionalidades, en cuanto fenómeno político y social creador de nuevos estados», no constituye centro de referencia alguno para las normas internacionales». La sociedad internacional posterior a la II Guerra Mundial, es, nos dice, «una sociedad de Estados soberanos e independientes en cuyos asuntos internos no pueden intervenir los restantes estados». Lo prohíbe el articulo 2.7 de la Carta de Naciones Unidas, que sólo reconoce la existencia del principio de autodeterminación de los pueblos en «territorios coloniales no autónomos y dentro del marco de la política de descolonización de Naciones Unidas». Pero el Derecho Internacional va a la zaga de la vida de los pueblos, y tenemos la experiencia de lo que esta ocurriendo en la Europa Central, donde la exaltación nacionalista ha dado lugar a la aparición de un nuevo Estado, Eslovaquia. Para el Profesor Rodríguez-Zapata «las teorías sobre el significado de la nación carecen de interés en la actualidad». «La nación y el nacionalismo, nos dice, son fenómenos políticos a posteriori que... buscan una justificación sentimental o racional».

Pero vayamos despacio, porque la historia del nacionalismo en nuestros días demuestra que la cuestión no se puede despachar tan fácil. Rodríguez-Zapata es un escritor español angustiado quizás por la cuestión de las nacionalidades en su país, donde la pasión política ha puesto en peligro la unidad del Estado. Creemos que la justificación de la nación, el fundamento para convertirla en Estado y darle una estructura constitucional que tenga el reconocimiento de la comunidad internacional, es una cuestión esencial tanto en el campo de la Sociología como del Derecho Político Moderno. Esto nos lleva a tener en cuenta que el nacionalismo es proteico en sus manifestaciones y alimenta continuamente la vida de los pueblos, donde se operan movimientos centrípetos que tienden a consolidar la nación, como ocurre con el «melting pot» norteamericano, o la completa asimilación de unas culturas por otras como ha tenido lugar dentro de las sociedades europeas multinacionales; pero también suelen operarse movimientos centrífugos que debilitan el estado nacional, como son los sentimientos francófilos de la provincia de Quebec, que ha estado a punto de resquebrajar la unidad política del Canadá. La aceptación de una nueva constitución que hizo más laxos los vínculos políticos entre las diversas provincias y el gobierno federal, ha salvado al Canadá de un colapso que pareció inevitable. Hasta cierto grado, es el mismo fenómeno observado en España con Cataluña y las Provincias Vascas. Hemos visto como la Constitución de 1978 ha contenido el espíritu separatista de las nacionalidades peninsulares. En tal evolución parece haber contado mucho también el crecimiento económico y el prestigio alcanzado últimamente por España en la comunidad internacional. En la medida en que España crezca como poder Europeo es muy probable que se atenúe la exaltación nacionalista de sus regiones.

Mientras en Europa existen todavía fuertes tensiones nacionales y en África hombres de una misma raza no han podido superar las querellas tribales (la adhesión al espíritu tribal es el más remoto ancestro de la nación), y en Canadá peligra la Federación que une a los hijos del país, en los Estados Unidos de América, a pesar de sus críticos, se opera, aun con todas las dificultades que se quieran, el más hermoso fenómeno de acercamiento entre hombres de distintas etnias y culturas, que aceptan la filosofía y las pautas políticas de los Padres Fundadores. En la costa del pacifico de los Estados

Unidos, se está originando la mayor sociedad multicultural del planeta. Ha surgido en su conjunto un Estado-nación que deviene ante el mundo en un polo de constante referencia para todos los pueblos civilizados. Max Lerner, en su excelente ensayo, 'LOS ESTADOS UNIDOS COMO CIVILIZACIÓN', nos habla del «asesinato del padre europeo» para señalar el verdadero sentido de la cultura norteamericana, donde cada acontecimiento se «ha proyectado sobre el telón de fondo de un pasado con el que formaba agudo contraste y sobre la perspectiva de un futuro más exigente que el de ninguna otra cultura, estructurando así la imagen americana en el mente del inmigrante». Es de tal suerte que los Estados Unidos, en lo que va de este siglo, ha devenido en nación, en una poderosa nación, faro de la esperanza humana.

Podemos concluir ya la cuestión del nacionalismo y del principio de las nacionalidades con unas lúcidas ideas de Jacques Maritain: «Un auténtico principio de las nacionalidades tendrá que formularse —nos dice— como sigue: El cuerpo político habrá de desarrollar tanto su propio dinamismo cuanto el respeto de las libertades humanas, a tal punto que las comunidades que contiene tengan a la vez plenamente reconocidos sus derechos naturales». Esto es lo que parece estar ocurriendo en los Estados Unidos, donde el respeto a la dignidad humana es la gran preocupación, tanto del hombre común como de las élites ilustradas.

6.- EL DESARROLLO DE LAS NACIONES AMERICANAS

Muchos de los cambios que habían comenzado a sentirse en Europa a fines del siglo XVIII, entre otros los originados por la revolución industrial y el movimiento de la ilustración, tuvieron una profunda influencia en las colonias de América. En la Nueva Inglaterra, estos cambios prepararon la mentalidad de los hombres ilustrados para arriesgarse a una guerra que devino en la independencia. Esta, a su vez, tuvo una repercusión enorme en Europa, donde no se concebía el nuevo orden político creado por los Padres Fundadores de los E.U. La Guerra de Independencia había involucrado a España y Francia en la lucha contra Inglaterra, y trajo a Francia un colapso financiero que fue la causa inmediata de la Revolución de 1789.Para tener una idea de la simpatía despertada por la guerra de independencia norteamericana en Europa, recordemos que Voltaire, moribundo, «bendijo a América en nombre de Dios y de la libertad». Sabemos de la influencia que en la francesa tuvo la revolución americana, y ambas fueron el espejo en que se vieron los súbditos de la Corona española en sus dominios. La irrupción de las ideas liberales en las colonias españolas de América, prepararon las élites y las clases dirigentes para el cambio que trajeron los acontecimientos europeos después de 1789. Las autoridades coloniales prohibieron la circulación de la literatura revolucionaria francesa, sobre todo las obras de Rousseau. En 1797 fue abortada la conspiración de dos afrancesados, Manuel Gual y José María España, y en 1806, Miranda, el más conspicuo de los afrancesados latinoamericanos, desembarcó en Coro al frente de una expedición. Fue en tal situación, que se produjo la invasión de España por Napoleón (1808); hecho que trajo la formación de Juntas de Notables en los virreinatos y capitanías generales. Con el pretexto de defender los intereses dinásticos de Fernando VII frente a las pretensions de Napoleón de coronar a su hermano José, las Juntas no tardaron en despojar del mando a los funcionarios peninsulares. En Caracas y Buenos Aires, que tuvieron un papel protagónico en estas mudanzas políticas, se declaró al cabo el propósito de buscar la independencia, que fue proclamada en Venezuela el 5 de julio de 1811; en tanto que en Argentina, yendo aún más lejos, en el Congreso de Tucumán, el 9 de julio de 1816, se declaraba la independencia de toda la América española. El Padre Hidalgo, que había seguido el mismo camino, proclamó la independencia de México, el 16 de septiembre de 1810. La guerra de emancipación se apoderó de todo el continente.

Pero la independencia americana no se produjo en un vacío de las ideas. Las nuevas ideas habían trabajado profundamente le mente de los criollos, y esto nos permite hacernos una pregunta, pertinente en sumo grado al tema de esta conferencia: ¿Existían en la América Española las condiciones asociadas al principio de identidad nacional, y en consecuencia, un vigoroso movimiento nacionalista entre los criollos que impulsara su separación de la Metrópoli? La posición de Bolívar frente a Miranda al comienzo de la guerra puso de manifiesto la indecisión de los criollos, y el hecho de que San Martín tuviese que llevar sus ejércitos a Chile y al Perú, demostraba que la guerra iba ser larga y difícil. En la reunión de Guayaquil, San Martín y Bolívar, con ideas distintas sobre el carácter de la independencia americana, llegaron a un entendimiento, y esto permitió la continuación de la lucha hasta la victoria final, en Ayacucho. No resulta difícil inferir que el estado de la opinión revelaba que España tenia todavía muchos partidarios en América. El curso sangriento de las guerras civiles que siguieron al movimiento emancipador puso de manifiesto que la independencia fue la obra de caudillos militares asociados a las élites criollas, que tuvieron posteriormente a su cargo la construcción de los estados americanos, siguiendo las fronteras inciertas de los virreinatos y capitanías generales. El legado, aún insuperado, de los conflictos de límites, ha contribuido al aislamiento de las sociedades regionales que la Metrópoli, condicionada por la geografía, había creado en Tierra Firme. Tales fueron las condiciones naturales y políticas que determinaron la formación de los nuevos Estados, a partir de los cuales, bajo la influencia de la educación y de los movimientos nacionalistas posteriores a la independencia, se formaron las nuevas nacionalidades iberoamericanas. Erich Hobsbawn estima que sería anacrónico pensar que en el momento de la emancipación existiese en América una conciencia nacional. No es menos cierto, sin embargo, que las ideas liberales, meollo del nacionalismo de entonces, alimentaron desde sus comienzos el esfuerzo libertador, como lo demuestra el estudio de las ideas políticas de los próceres de la independencia y las primeras constituciones de los Estados Americanos. Hay que señalar tres excepciones notables en el proceso histórico antes referido: el del Brasil, que evolucionó pacíficamente hacia la independencia, y el de Cuba y Puerto Rico, que permanecieron en poder de España al terminar las guerras emancipadoras en el continente. La influencia de la independencia hispanoamericana hizo brotar en Cuba el fermento nacionalista, que tomó cuerpo en las ideas de los pensadores y poetas de la época. Varela, Saco, Heredia y Luz y Caballero, fueron las figuras epónimas del movimiento nacionalista cubano, que culmina con Martí y su proyecto de nación: «la república moral en América», tal como quedo bosquejada en el Manifiesto de Montecristi. A lo largo de este periodo, lleno de luchas y frustraciones, entre ellas la primera guerra de independencia, cuajó en Cuba la nación, antes de aparecer el Estado independiente, en 1902.

Algunos historiadores han considerado las guerras de independencia latinoamericanas como verdaderas guerras civiles. La afirmación no es exacta. Las guerras civiles entrañan el enfrentamiento entre facciones rivales que luchan por el poder dentro de un Estado o procuran un cambio en su estructura; en tanto que las guerras de descolonización persiguen la separación de una metrópoli y la creación de un nuevo estado. Esto último fue lo que realmente ocurrió en ambas Américas, donde la lucha comenzó como una protesta armada frente al poder arbitrario de la metrópoli, y terminó con la secesión de las colonias y su conversión en estados independientes. Esta distinción permite darnos cuenta de la naturaleza de los modernos movimientos hacia la constitución de estados nacionales.

La creación de un Commonwealth, como el organizado por Inglaterra entre algunas de su ex-colonias, supone una evolución y separación pacifica de la metrópoli que transforma los viejos vínculos políticos en relaciones más flexibles de poder destinadas a proteger los intereses económicos creados. Esto es algo de lo que pudo haberse hecho en la América española si Carlos III hubiese oído los consejos del Conde Aranda en 1783, y Carlos IV los de Godoy en 1804, cuando propusieron establecer reinos independientes en nuestra América, unidos a España por vínculos dinásticos. Veían venir la revolución por la independencia. Un punto de vista semejante, evolucionista, que procuraba evitar la revolución en la Isla, fue el sostenido mucho después por José A. Saco. Dándose cuenta el ilustre bayamés del alto costo que para nuestras sociedades habían representado las guerras de independencia y las revueltas posteriores, reclamó para Cuba la constitución de una legislatura colonial, con un status semejante al del Canadá. Esto enseñaría a los cubanos a gobernarse. Pedía, además, los derechos civiles y políticos que nos faltaban y un cambio en todas nuestras relaciones con la Metrópoli. Hacia 1862, pensaba Saco que en un plazo de 40 años, esta transformación del sistema colonial traería la independencia añorada por los cubanos. España hizo un favor inmenso a Cuba al negarse siempre a vender la Isla a los Estados Unidos. Pero le hizo también un daño incalculable por sus consecuencias a corto y a largo plazo, al resistirse a la independencia pacífica de la Isla. Desde entonces llevamos a cuesta el mito de la revolución como la mejor solución a nuestros problemas políticos, económicos y sociales. Y la revolución, que estuvo justificada para lograr la independencia, devino en una calamidad para la república y ha terminado por destruirla, y cuando menos lo esperábamos. En este largo proceso han estado presente dos tipos diferentes de nacionalismo: en la revolución por la independencia, el nacionalismo de estirpe liberal, que nos dio el estado democrático; en la revolución de 1958, el nacionalismo marxista, que entregó la república a las fuerzas ciegas de la intransigencia y el odio. El caso de Puerto Rico nos deja la impresión de que su pueblo, rehuyendo su destino, no ha querido crear un Estado independiente. No parece haber allí la voluntad política necesaria para un proyecto de nación. El pueblo de Puerto Rico oscila entre soluciones políticas alternativas e incompatibles, donde el sentimiento nacional y la cultura de la Isla no se reconcilian con la razón política de un Estado-nación capaz de promover con medios propios el progreso económico y social.

7.- LA FUTURA 0 PROBABLE EVOLUCIÓN DE LAS NACIONES

Hemos repasado en forma panorámica la aventura del nacionalismo contemporáneo hasta la terminación de la II Guerra Mundial en que se inicia el proceso de descolonización. Las ideas liberales que hasta entonces habían alimentado este movimiento, cedieron espacio a un poderoso movimiento marxista dominado por la influencia rusa y china.

Explorar el tema de la descolonización y de los Estados-naciones que han aparecido en el mundo desde entonces, elevando el numero de miembros de Naciones Unidas de 50 en 1945 a 186 en 1998, nos obligaría a extender la exposición y esto se sale de nuestro propósito. Sólo deseamos añadir que, en este segundo período, el nacionalismo del siglo XX ha estado sometido influencias lamentables. Ya no estamos muy seguros de que los movimientos nacionalistas conduzcan a la formación de democracias modernas y eficientes. La irrupción del marxismo en los movimientos nacionalistas ha falseado sus objetivos históricos. Los pueblos descolonizados del Tercer Mundo que han devenido en Estados nacionales controlados por partidos comunistas, se han encontrado con una independencia sin libertades públicas. El totalitarismo parasitario de sus élites dirigentes ha arruinado la obra civilizadora, poca o mucha, del poder colonial, y la independencia, lejos de haber contribuido a su progreso, ha terminado por desquiciar lo que tenían adelantado. Tales son los casos de esos países africanos y asiáticos hoy día más pobres que en el pasado, alienados por las continuas luchas civiles, que alejan hasta la posibilidad de la ayuda externa. Pueden citarse los casos conspicuos de Somalia, El Congo, Sierra Leona, Angola, Nigeria, Mozambique, Eritrea, Zimbabwe, y hasta Liberia y Argelia, arrasadas por guerras civiles endémicas. Cuando contemplamos la ruina física y moral de tales países, nos damos cuenta de como la violencia y el radicalismo de esos movimientos que aspiran a la pura africanidad, alejándose de la cultura europea, los incapacitan para asimilar el conocimiento técnico y científico del mundo occidental, única y ultima solución que les queda para superar un atraso de siglos.

En los últimos cincuenta años ha irrumpido en la escena internacional la tendencia hacia una nueva civilización fundada en una cosmovisión de valores y aspiraciones comunes contraria al nacionalismo.

El nacionalismo «chovinista» excluye el universalismo, que propone los valores de la sociedad global, en la que ya estamos viviendo. Las actuales tendencias al globalismo no se derivan, sin embargo, de un orden mundial propuesto por alguna ideología, sino que surgen del desarrollo tecnológico y del incremento asombroso de las comunicaciones. Estas han traído el desarrollo de los mercados y de los espacios económicos, yendo más allá de la razón geográfica. La antítesis nacionalismo >< universalismo es una paradoja que la cooperación y la solidaridad internacional intentan resolver para evitar el regreso a los sangrientos conflictos de las ideologías nacionalistas —liberales y marxistas— del pasado.

Próximos al comienzo de un nuevo milenio, asistimos, por un lado, al nacimiento de una nueva sociedad que desborda las fronteras nacionales; en tanto que por otra parte, la desigual evolución de los pueblos hace que la humanidad se encuentre todavía muy lejos, quizás a medio milenio, de esa homogeneidad de cultura y civilización, fruto de la aproximación y mezcla de razas, lenguas, creencias y costumbres, en un «melting-pot» universal. Es deseable por ahora, la unidad de la cultura de cada pueblo dentro de la diversidad de la civilización que nos une, pero en un futuro predecible, el mestizaje parece inevitable y debemos tomar conciencia de la evolución que se avecina.

Un notable sociólogo americano, Samuel P. Huntington, en un enjundioso ensayo aparecido no ha mucho tiempo en «Foreign Affairs» (Summer, 1993), señala que los próximos conflictos de la humanidad no serán entre naciones, sino entre civilizaciones. Y es aquí, añadimos nosotros, que el nacionalismo puede resurgir como sentimiento común de pueblos pertenecientes a una misma civilización y potenciar las causas de los conflictos. Como ejemplo, tenemos los movimientos panarábicos inspirados por el Islam. En cierto modo, este fue el caso del paneslavismo y el pangermanismo desde fines del siglo XIX hasta el comienzo de la Primera Guerra Mundial, en la que tanto influyeron. No olvidemos que el nacionalismo ha despertado las fuerzas biológicas, espirituales y materiales del hombre cuando se ha entregado a la tarea de modificar su entorno vital, creando nuevas formas de organizar la convivencia humana.

La evolución o el cambio hacia una nueva civilización puede manifestarse como un desarrollo natural o espontaneo, pero también, y más probablemente, como una forma de dominación de unos pueblos sobre otros. Las guerras de conquista y colonización en el pasado ilustran el colapso de numerosas culturas. Como los hombres sienten hoy una gran repulsión hacia la guerra, todo parece indicar, sin embargo, que el cambio hacia la sociedad global tendrá que producirse en forma evolutiva, salvo que surjan los conflictos entre civilizaciones a que se refiere el Prof. Huntington y sugieren las guerras santas del fundamentalismo islámico.

Una suerte de unión o confederación de naciones hoy separadas por creencias, odios y prejuicios, como ocurre en numerosas regiones del mundo, no parece previsible. Lo más que ha podido lograrse hasta el presente es a una Sociedad de Naciones o unas Naciones Unidas, que con mucho esfuerzo sólo podrían considerarse intentos de estructura supranacional. La soberanía de los Estados ha seguido predominando.

No podemos olvidar, sin embargo, que las utopías, los sueños perseguidos por el hombre, han cambiado continuamente la faz de la tierra. Y el sueño del ecumenismo y las realidades de una tendencia hacia la sociedad global o hacia un nuevo orden de las naciones, con más interdependencia, seguirá siendo el objetivo de los que piensan que por encima de las categorías y diferencias antropológicas y culturales puede existir una suerte de cosmovisión que permita realizar en común las más diversas aspiraciones.

BIBLIOGRAFÍA

Aguado Bleye, Pedro, «Manual de Historia de España», Espasa-Calpe, Madrid, 1974, Tomo III.
Alzaga, Oscar, «La Constitución española de 1978". Comentario sistemático. Ediciones del Foro, Madrid, 1978.
Anderson, James, «The Rise of the Modern State», Humanities Press Intl., Inc., NJ ,1983.
Aron, Raymond, «Paz y guerra entre las naciones», Alianza Editorial, Madrid, 1963.
——— «Las Dimensiones de la Conciencia Histórica», FCE, México, 1983.
Ayala, Francisco, «Tratado de Sociología», Espasa-Calpe, Madrid, 1984.
Biscaretti di Ruffia, Paolo, «Derecho Constitucional», Editorial Tecnos, Madrid, 1984.
Bobbio Norberto, et al., «Diccionario de Política». Editorial Siglo XX, Madrid, 1986. (2 Vols.)
Chatelet, Francois, et al., «Las concepciones políticas del siglo XX», Editorial Espasa-Calpe, Madrid, 1986.
Davis, Norman, «Europe, A History, Oxford University Press», 1996.
De la Cierva, Ricardo, «Historia total de España», Editorial Fénix, Madrid, 1997.
Garcia-Pelayo, Manuel, «Derecho constitucional comparado», Alianza Editorial, Madrid, 1993.
Geoff, Eley, et al., «Becoming National», Oxford University Press, 1996.
Hobsbown, Eric, «Nation and Nacionalism Since 1780", Cambridge University Press, 1993.
——— «Las Revoluciones Burguesas», Editorial Labor, Barcelona, 1987.
——— «La era del capitalismo», Editorial Labor, Barcelona, 1987.
——— «On History», The New Press, New York, 1990.
——— «The Age of Empire», Panteón Books, New York, 1987.
——— «The Age of Extremes», Vintage Books, New York, 1994.
Hobsbown, Eric, et al., «The Invención of Tradición», Cambridge University Press, 1983.
Kennedy, Paul, «The Rise and Fall of the Great Powers», Randon House, New York, 1987.
——— «Preparing for the Twenty First Century», Random House, New York, 1993.

Khon, Hans, «Nationalism, Its Meaning and History», Duchworth, London, 1955.
Lerner, Max, «Los Estados Unidos como civilización», Buenos Aires, 1961. (3 Vols.)
Lopez, Mario Justo, «Introduccion a los estudios políticos», Ed. Depalma, Buenos Aires, 1983. (2 Vols.)
López Caldera, Nicolas, «El nacionalismo, culpable o inocente?», Edit. Tecnos, Madrid, 1995.
Luard, Evan, «War in International Society», Yale Univertsity Press, 1986.
Maritain, Jaques, «El Hombre y el Estado», Encuentro Ediciones, Madrid, 1983.
Medina, Manuel, «Teoría y Formación de la sociedad internacional», Tecnos, Madrid, 1982.
Moreno, Daniel, «Clasicos de la Ciencia Política», Ed. Porrúa, México, 1983.
Niebuhr, Reinhold, «The Structure of Nations and Empires», Charles Scribner & Sons, New York, 1959.
Oppenheimer, Franz, «The State», Fox and Wilkes, San Francisco, 1997.
Renán, Ernesto, «¿Que es la nación?» Edición española de Alianza Editorial, Madrid, 1987.
Rodriguez-Zapata, Jorge, «Teoría y practica del derecho constitucional», Ed. Tecnos, Madrid, 1996.
Sabine, George H., «Historia de la teoría política», FCE, México, 1982.
Saco, José Antonio, «Paralelo entre la Isla de Cuba y algunas colonias inglesas», 1837, Colecciónde Papeles, Tomo III.
——— «La cuestión de Cuba y su remedio», 1851, Colección de Papeles, Tomo III.
Smith, Anthony D., «Theories of Nationalism», London, 1983.
Taylor, A.G.P., «The Struggle for Mastery in Europe». Oxford University Press, 1971.
Toynbee, Arnold J., «A Study of History», Edición abreviada, 2 Vols. Oxford University Press, 1957.
Truyol y Serra, Antonio, «Historia de la Filosofía del Derecho y del Estado», Alianza Ed., Madrid, 1975. (2 Vols.)
Verdu, Pablo Lucas, et al., «Manual de Derecho Político», Madrid, 1994. (Vol.1)
Vogt, Joseph, «El concepto de la historia de Ranke a Toynbee», Ediciones Guadarrama, Madrid, 1974.

EL PROCESO DE INTEGRACIÓN DE LA NACIÓN CUBANA

Amalia Varela de la Torre

Me corresponde en la noche de hoy ofrecer la tercera conferencia de este ciclo, organizado por el Instituto Jacques Maritain, sobre la NACIÓN CUBANA: ESENCIA Y EXISTENCIA. En la primera, «La Nación: un concepto que se cuestiona», el Dr. José Ignacio Rasco trató de precisar el concepto de nación, analizando los distintos elementos que integran el mismo. En la segunda, «El desarrollo de las naciones modernas», el Dr. Luis Gómez Domínguez hizo un extenso recorrido por la nómina de las naciones modernas, y nos presentó el curso que la mayor parte de ellas había seguido para llegar a merecer la consideración de una nación verdadera. En esta tercera presentación del ciclo debo aplicar, en lo posible, las ideas y conceptos de las dos conferencias anteriores al caso cubano, examinando el camino seguido por nuestra Patria en el proceso de su integración. Además, de acuerdo con los subtítulos de mi tema, me toca resaltar el papel que jugaron las distintas generaciones cubanas en este proceso, y la influencia que en el mismo tuvieron los más destacados pensadores políticos de nuestra historia. Una vez realizado este estudio, será el momento de determinar si el pueblo cubano, a lo largo de su evolución histórica, llegó a cumplir los requisitos básicos de una completa integración, es decir, si Cuba llegó o no a constituir una verdadera nación en el concepto que, generalmente, se tiene de la misma.

Los inicios del proceso de integración nacional se pueden observar en la primera de las generaciones literarias que se configuran en nuestra Patria. En efecto, si se observa el esquema generacional establecido por el Profesor Raimundo Lazo[1], que es el que se sigue en este trabajo, se comprueba que este autor consideró como la primera generación literaria cubana a la que

---

[1] Raimundo Lazo, «La teoría de las generaciones y su aplicación al estudio histórico de la literatura cubana». Anales de la Academia Nacional de Artes y Letras. La Habana, Vol. 38, 1954.

nació hacia 1762. En este año tuvo lugar la toma de La Habana por los ingleses, hecho que, en la historia de Cuba, dio fin a la etapa de la Factoría e inició la de la Colonia. Como integrantes de esta primera generación del período anterior a la República, llamado independentista, se mencionan, principalmente, al Padre José Agustín Caballero y a Francisco de Arango y Parreño, en cuyos trabajos se encuentran atisbos, aunque sean todavía incipientes, de elementos que una vez desarrollados contribuirían a la formación de la nación cubana.

En el Padre José Agustín Caballero encontramos el principio y la base de nuestra nacionalidad. La palabra autorizada de Medardo Vitier lo reconoció así al decir que «la voz de los orígenes fue la del Padre Caballero[2]«. Él introdujo en Cuba las nuevas ideas filosóficas que se produjeron en el pensamiento europeo y fue quien realizó el primer intento por superar, como método y patrón de los estudios, el enquistado escolasticismo. Estimuló la enseñanza de las ciencias experimentales, de la física y la química y, en 1794, presentó ante la Sociedad Patriótica un plan proponiendo la creación de escuelas públicas. Al año siguiente, sometió a ese mismo Organismo, un proyecto de reforma educativa para la Real y Pontificia Universidad de La Habana. También tuvieron gran importancia los escritos del Padre Caballero que se publicaron en el primer periódico con «sabor literario» que se estableció en Cuba, el *Papel Periódico de la Havana*, del cual él había sido uno de los fundadores. Entre esos trabajos descuella, por su importancia intrínseca, y por sus consecuencias en la formación de la conciencia moral cubana, el que se tituló «En defensa del esclavo», donde el Padre Caballero dejó constancia de su repulsa a esta inhumana institución. Sin embargo, su contribución más sustancial a la integración nacional cubana fue, a no dudarlo, el proyecto de Constitución Autonómica que preparó en 1811. Con este proyecto, que contenía 17 artículos, el Padre Caballero realizaba la primera petición de autonomía para la Isla. En el mismo se proponía «la creación de una Asamblea de diputados del pueblo..., con atribuciones para legislar en lo concerniente a la colonia, y en aquello que no haya sido objeto de leyes de carácter general[3]«. Por todo lo expresa-

---

[2] Medardo Vitier, *La Filosofía en Cuba*, Colección Tierra Firme, (México: Fondo de Cultura Económica, 1948), pág.18.

[3] Del manuscrito original, publicado por el Dr. Alfredo Zayas en 1912. Citado por Medardo Vitier, Ibid., pág. 56.

do, no puede cabernos duda alguna de que la obra del Padre Caballero echó los cimientos de la nacionalidad cubana.

Francisco de Arango y Parreño es el otro miembro de la primera generación independentista que tuvo una importante intervención en esta labor forjadora de la nacionalidad cubana. Él comprendió mejor que nadie los problemas económicos de Cuba, y propuso las medidas más adecuadas y las mejores soluciones para los mismos. Defendió la industria nacional y la libertad de comercio para la Isla. Abogó por el incremento de la producción azucarera y por el mejoramiento de la agricultura. Aunque aceptaba su condición de español, Arango y Parreño se consideraba a sí mismo como «habanero» y, partiendo de la premisa de que España deseaba el bien de su Colonia, aprovechaba todas las oportunidades para defender los intereses de Cuba. Sus actividades contribuyeron al desarrollo económico de la Isla, así como a afirmar la distinción entre los intereses de España y los de Cuba. Las aportaciones de Arango y Parreño a nuestro proceso de formación histórica sólo se vieron limitadas por haber enfocado el problema de la esclavitud a través del prisma económico, lo cual lo llevó a defender esa nefanda institución hasta que, en sus últimos años, comenzó a preocuparse por la suerte de los esclavos.

A finales del siglo XVIII y comienzos del XIX, ocurrieron en Europa y en nuestro Continente una serie de acontecimientos que hicieron que el ritmo de la vida se acelerara y se precipitaran los procesos de índole histórica. Esto tuvo una gran repercusión en toda la América Latina. En Cuba no se produjeron dramáticas consecuencias políticas, pero sí las hubo en el orden de la evolución de las ideas, y en la mentalidad de las gentes. Al frente y como líder de estas transformaciones en nuestra Patria aparece un hombre que, dentro del período independentista, pertenece a la segunda generación. Se trata del Presbítero Félix Varela y Morales, cuya influencia en el cambio que se produjo en la conciencia de los cubanos, después de entrado el siglo XIX, le ha merecido que se le considere como el forjador de nuestra nacionalidad.

El Padre Varela con sus ideales patrióticos y cristianos, así como con su enseñanza, basada en los principios y valores de la ética, la moral y la justicia social, se constituyó en el factor determinante en la formación de la cultura cubana. Él fue quien propagó por todo el país el concepto de lo que llamaba «la patria», y quien logró que la juventud ilustrada de su tiempo se uniera, identificándose en los mismos sentimientos y en las mismas aspiraciones. Además, Varela logró también alentar, en la rama criolla de la sociedad cubana, el anhelo de libertad social y el ansia de independencia política. Pero, indiscutiblemente, lo que le permitió al joven Presbítero extender su influencia por todo el ámbito nacional fue la creación de la Cátedra de Constitución, después que la Revolución de Riego obligó al rey Fernando VII, en 1820, a restituir la Constitución española de 1812. Esto y el hecho de haber sido nombrado en el Seminario de San Carlos y San Ambrosio para explicar ese cuerpo legal, le dio a Varela la oportunidad de intensificar su labor formativa. Con razón han dicho Mons. Eduardo Boza Masvidal y Mons. Agustín Román que el Seminario de San Carlos y San Ambrosio fue «el vivero más fecundo de la cultura cubana y, también, de sus ideales de libertad e independencia[4]«.

Cuando el Padre Varela comenzó sus explicaciones de lo que hoy llamamos Derecho Constitucional, el 18 de enero de 1821, los estudiantes no cabían en el aula. Muchos de los que asistían a las clases tenían que quedarse de pie o conformarse con escuchar a través de las ventanas y las puertas. El texto que Varela preparó para sus clases, *Observaciones sobre la Constitución Política de la Monarquía Española,* fue el primer libro de Derecho Constitucional publicado en Hispanoamérica, el cual, a la vez que comentaba los preceptos constitucionales, defendía también la libertad y los derechos del hombre. Pero el sabio Profesor ni siquiera pudo completar su primer curso de Derecho Constitucional. Obligado por la insistencia del Obispo Espada, el Padre Varela se presentó como candidato a Diputado por La Habana, en las elecciones a las Cortes Españolas. Como era de esperarse dado su popularidad y el afecto a que se había hecho acreedor, salió electo por una gran mayoría.

En las Cortes, nuestro compatriota preparó importantes proyectos. El primero fue el «Proyecto de Instrucción para el gobierno económico político de las provincias de ultramar», mediante el cual se les otorgaba completa autonomía a Cuba y a las demás Colonias españolas, permitiéndoles que ellas mismas eligieran a sus propios gobernantes. Este proyecto, compuesto de 189 artículos, estaba inspirado no sólo en la firme creencia del Padre Varela en el principio de la autodeterminación de los pueblos, sino en el gran amor a la libertad que siempre guiaba sus decisiones. El proyecto finalmente

---

[4] Mons. Eduardo Boza Masvidal y Mons. Agustín Román, "Cuba ayer, hoy y siempre» en *Mensajes,* (Miami: editado por IDEAL, el 8 de septiembre, 1981), pág. 15.

se aprobó, aunque resultó invalidado cuando Fernando VII disolvió las Cortes y anuló todos sus acuerdos. Con este proyecto, nuestro compatriota se adelantaba en más de medio siglo al sistema del «Common Wealth» que, más tarde, Inglaterra establecería en sus colonias.

Sin embargo, el más importante de los proyectos que preparó Varela durante su estancia en España, ni siquiera llegó a ser presentado ante las Cortes por haber sido éstas disueltas. Se trataba de una disposición mediante la cual se les concedía la libertad a los esclavos y se abolía definitivamente la esclavitud en Cuba. Él sabía que esa medida era contraria a los intereses de muchos de los hacendados y terratenientes de la Isla, y que la misma le crearía muchos adversarios. Pero, a pesar de ello, sólo la disolución de las Cortes por el rey, que abolió la Constitución con el fin de volver al viejo sistema absolutista, pudo impedirle a nuestro Diputado continuar sus esfuerzos para terminar con tan barbárica institución.

Como consecuencia de la persecución y amenaza de muerte dictada contra los Diputados, el Presbítero Varela tuvo que escapar a los Estados Unidos, donde viviría el resto de sus días. Mientras le llegaban de Cuba los permisos para ejercer su ministerio sacerdotal en Nueva York, Varela se localizó en Filadelfia, considerada, en aquellos días, como la ciudad más avanzada del país. Allí se puso en contacto con muchos de sus alumnos y compatriotas. Para ese entonces, el Profesor exiliado, que había fracasado en su intento por conseguir la autonomía para la Isla, estaba totalmente convencido de que la independencia era el único camino que le quedaba a su Patria.

«La tragedia de Cuba le quemaba el pecho como una brasa encendida», escribió Mons. Teodoro de la Torre, preocupándole, sobre todo, «la incertidumbre de sus compatriotas acerca del futuro de Cuba[5]«. Por un lado, había algunos cubanos que trataban de separar la Isla de la Metrópoli, mediante una invasión libertadora realizada por la Gran Colombia, que entonces gobernaba Bolívar, o por Méjico, presidido a la sazón por Guadalupe Victoria. Y, por otro lado, había otros muchos que propugnaban la anexión de la Isla a los Estados Unidos, como medio de arrancarla del poder español.

---

[5] Mons. Teodoro de la Torre, «Félix Varela, Vida Ejemplar», (Miami: publicado por la *Fundación Padre Félix Varela, Inc.)*, pág. 11.

El Padre Varela, por el contrario, mantenía el criterio de que cualquier invasión extranjera, aun en el caso de ser exitosa, pudiera no sólo ser causa de grandes derramamientos de sangre, sino que también originaría compromisos y obligaría a indemnizaciones que, sin duda, iban a resultar sumamente costosas. Y, en cuanto a la anexión a los Estados Unidos, la consideraba una verdadera desgracia, pues la Isla quedaría bajo el control de los Estados esclavistas del sur, y acabaría convirtiéndose en un lugar de tránsito para el tráfico y la trata de esclavos. Más aún, para el sabio Mentor de tantos cubanos, la incorporación de nuestra Patria a la nación norteamericana podría significar la pérdida de las tradiciones y los grandes valores de la cultura hispánica, incluyendo la religión católica.

Por eso, el Padre Varela declaró en su periódico *El Habanero,* que quería ver a Cuba «tan isla en lo político como lo es en la naturaleza⁶«, decidiéndose a favor de su independencia. Dijo también que ésta debía ser obtenida por el esfuerzo de los cubanos que vivían dentro del país, aunque para lograrla tuvieran que utilizar el concurso de los que se encontraban en el extranjero. De las páginas políticas que Varela escribió en el mencionado periódico, el Profesor Juan J. Remos ha señalado que las mismas estaban «pletóricas de conceptos sobre la legítima aspiración cubana y de fuerte fustigación contra los que no laboren por ella[7]«.

En realidad, el Padre Varela, consciente de que España estaba atravesando por un momento de decadencia, lo que quería era que todos los cubanos influyentes de la Isla se unieran para declarar la independencia de la noche a la mañana. Esta acción conllevaba ciertos riesgos y, quizás por eso, la deseada unión no se produjo nunca, aunque también es posible que no se produjera, como dijo el propio Varela, porque pesaban mucho «las cajas de azúcar»y «los sacos de café». Además, como tampoco hubo invasión alguna ni de Colombia ni de Méjico; y como la anexión de la Isla a los Estados Unidos se quedó también en el plano de las aspiraciones, el resultado fue que Cuba continuó siendo española. En definitiva, el exiliado Presbítero tuvo que aceptar que los tiempos no habían llegado todavía para que sus pretensiones se convirtieran en realidad. La independencia de la

---

[6] Padre Félix Varela y Morales, *El Habanero*, (Miami: Nueva edición con los siete números publicados, por Ediciones Universal, 1997), pág. 95.

[7] Juan J. Remos, *Los Forjadores de la Cultura Cubana,* (Miami: Ediciones del Directorio Magisterial Cubano, en el exilio), Núm. 28.

Patria tenía que esperar. Y él, sin olvidar nunca a su amada Cuba ni a sus compatriotas, se consagró a servir a sus semejantes desde el apostolado sacerdotal que ejerció, por más de veinticinco años, en Nueva York.

En la Diócesis de Nueva York, que entonces era considerada tierra de misiones, la labor intelectual y apostólica que el Padre Varela realizó fue tan importante y tan generosa que no sólo se convirtió en uno de los primeros defensores de la fe católica en los Estados Unidos, sino que llegó a ser reconocido como un hombre sabio por las doctrinas que defendía, y santo por las obras de caridad que practicaba. Y mientras llevaba a cabo esa formidable tarea, escribió para los cubanos sus bellísimas y conceptuosas *Cartas a Elpidio*, donde expuso lo más sólido de su pensamiento y donde pretendió preparar a los jóvenes para que, llegado el momento, construyeran una Patria próspera y dichosa. Para lograr esto último, nuestro santo compatriota sostuvo la necesidad de mantener bien altos los más acendrados valores éticos, y expresó su convicción de que esos valores tenían que afirmarse en los sanos principios de la moral cristiana. En su opinión, ésa sería la única manera de asegurar la libertad y el respeto a los derechos ciudadanos, y de garantizar la felicidad y la armonía de todos los integrantes de la sociedad.

Con la publicación de esta trascendental obra, Varela elevaba a la cumbre su labor formativa. En Cuba, había orientado la cultura, acentuando en ella las notas de la cubanía; había educado a la juventud y la había enseñado «primero a pensar»; mientras infundía en ella los mejores principios cristianos, patrióticos y ciudadanos. En España, había defendido la libertad de todos los habitantes de la Isla, incluyendo de manera especial a los esclavos, para los cuales había pretendido obtener la completa emancipación. En los Estados Unidos, había planteado la necesidad de lograr la total independencia para Cuba, así como la de construir una nación donde prevaleciera la libertad y donde imperara la justicia. Y con todo esto, el brillante y abnegado Profesor del Seminario de San Carlos y San Ambrosio había fundado sobre bases sólidas una bien definida conciencia nacional cubana.

Esa conciencia nacional fue recogida después por sus seguidores, y se mantuvo vigente a lo largo de todo el siglo XIX en la obra de sus discípulos como Saco, Luz y Caballero, Del Monte y tantísimos más. Sus ideas independentistas fueron el factor que, finalmente, identificó y unió a los mejores cubanos para producir la gran epopeya que culminó con la obtención de la independencia. No en balde, el historiador cubano Vidal

Morales reconocía en el Padre Varela «cuanto es origen y principio en la integración de nuestra conciencia nacional[8]«. Y así también lo reconocieron algunos historiadores españoles del siglo XIX, al señalar a Varela como «el forjador de la primera generación de políticos criollos[9]«. La labor del Padre Varela y el desarrollo y las consecuencias que la misma tuvo, constituyeron el elemento decisivo que logró consolidar la identificación de las distintas clases que componían la sociedad cubana. En otras palabras, las diferentes clases sociales unidas en una misma intención colectiva, se enlazaron alrededor del concepto de nación que el Padre Varela había sembrado.

La generación que siguió a la de Varela, o sea, la tercera, produjo al gran poeta que era necesario para esculpir, en versos inmortales, el ideal de libertad y de amor a la Patria que el genial Presbítero había forjado. Ese poeta fue José María Heredia, verdadera gloria nuestra, a quien los cubanos debemos siempre recordar por la calidad excelsa de su producción poética, por haber sido quien introdujo el romanticismo en las letras castellanas, y por el puro sentimiento patriótico que destiló en sus versos. «Las grandes ideas, igual que los sentimientos profundos, se comunican y penetran mejor en la conciencia cuando vuelan en alas de la poesía», ha dicho un poeta, hablando de Heredia. Por eso me parece importante que insista en recordar que el sentimiento de la nacionalidad cubana se extendió y se mantuvo, durante varias generaciones de cubanos, navegando por los aires patrios en las potentes y resonantes alas de los poemas de Heredia. El mismo Martí llegó a admitir que Heredia había sido el que «acaso despertó en mi alma, como en la de los cubanos todos, la pasión inextinguible por la libertad...»[10]

Pero, lo cierto es que el ideal independentista del Padre Varela no pudo convertirse en realidad inmediatamente y, en definitiva, fue sofocado por el absolutismo de Fernando VII. Muchos de sus más cercanos discípulos y seguidores suyos, miembros como Heredia de la tercera generación, o no abrazaron la idea independentista o no la defendieron con calor. Sin

---

[8] Citado por Antonio Hernández Travieso, *El Padre Varela:* Biografía del Forjador de la Conciencia Cubana, (Miami: Ediciones Universal, 1984), pág. 416.

[9] Ibid., pág. 416.

[10] José Martí, «Heredia», en *La Gran Enciclopedia Martiana*, (Miami: Editorial Martiana, Inc., Tomo 14, 1978), pág. 267.

embargo, el proceso de la integración nacional que el Presbítero Varela había adelantado continuó desarrollándose y extendiéndose por el ámbito nacional.

En lo que al proceso de nuestra integración nacional se refiere, José Antonio Saco y José de la Luz y Caballero son, además de Heredia, los dos personeros más destacados de la tercera generación. Con ellos el ideal de su cristiano y patriota Mentor permaneció latente y continuó operando. Y aunque, si bien es cierto que no produjo frutos inmediatos en el orden político, sí tuvo consecuencias en otros aspectos. Saco se convirtió en un ardiente defensor de la nacionalidad frente al peligro anexionista y, a su vez, Luz persistió en adelantar el proyecto nacional por medio de la educación.

José Antonio Saco fue uno de los cubanos más prominentes del siglo XIX. Sustituyó a Varela en la cátedra de Constitución del Seminario San Carlos y San Ambrosio, cuando éste se fue a España a ocupar su posición de Diputado en las Cortes españolas. Pero en 1824, hastiado del sistema absolutista que había vuelto a la Colonia, se fue a Filadelfia para vivir cerca del Maestro. A fines de 1826, regresó a Cuba a resolver asuntos propios. Dos años más tarde, volvió a los Estados Unidos, instalándose en Nueva York, otra vez junto al Padre Varela. Allí fundó el *Mensajero Semanal,* con destino a la población cubana. Saco ejercía una especie de «magisterio periodístico» desde las páginas del *Mensajero,* a las que veía como el nexo que lo mantenía unido con su Patria. En 1831, regresó a Cuba, donde la Sociedad Económica le ofreció la dirección de la *Revista Bimestre Cubana*. Con Saco la *Revista Bimestre,* según ha señalado Anita Arroyo, no sólo alcanzó un gran prestigio, sino que la elevó «a tal altura, que a juicio de la crítica extranjera, no tiene superior en su clase[11]«. En realidad, la Sociedad Económica y la *Revista Bimestre* se convertirán para Saco en «las tribunas desde donde se levantará su voz aleccionadora[12]«.

El 6 de marzo de 1834, tuvo lugar en La Habana la fundación de la Academia Cubana de Literatura. Esta fundación dio origen a una gran polémica, y ocasionó que Tacón decretara el destierro de Saco. A partir de ese momento, aunque siempre pensando en Cuba y escribiendo sobre sus problemas, Saco va a vivir fuera de su Patria, excepto por una breve visita a la Isla.

---

[11] Anita Arroyo, *José Antonio Saco:* Su Influencia en la Cultura y en las Ideas Políticas de Cuba, (Miami: Ediciones Universal, 1989), pág. 37.

[12] Ibid., pág. 37.

No cabe duda que uno de los grandes obstáculos que encontraba Cuba, en el camino de su integración nacional, era la existencia de la esclavitud. Ésta mantenía a la población criolla dividida entre amos y esclavos, esclavistas y antiesclavistas, blancos y negros. Saco abordó este problema de manera directa, y escribió su monumental obra en tres volúmenes: *La Historia de la Esclavitud*, que puso la cuestión al rojo vivo y que demostró toda la injusticia y la inmoralidad que el sistema entrañaba. Estudió también la cuestión de *La Vagancia en Cuba*, otro de los grandes problemas que aquejaban a la sociedad cubana, y demostró toda la culpa que le correspondía al sistema colonial impuesto por España. Sin embargo, se mostró decidido partidario de la cultura hispana, y se convirtió en el peor enemigo de la idea anexionista, como lo demuestra el epitafio suyo que él mismo escribió: «Aquí yace / José Antonio Saco, / que no fue anexionista / porque fue más cubano que / todos los anexionistas[13]«. Al igual que Varela, él temía que la incorporación de Cuba a la gran nación norteamericana fuera a cambiar en la Isla la lengua, la religión, las costumbres y los valores tradicionales que nos había transmitido la nación española. En definitiva, Saco nunca se convenció de la conveniencia de lograr la independencia inmediata. Él estimaba que los cubanos necesitaban prepararse mejor para poder disfrutarla, y cifró todas sus esperanzas en obtener reformas al sistema colonial. Pero no puede ocultarse que su agresivo ataque a las ideas y costumbres foráneas, y su acerada defensa de los intereses y valores patrios, contribuyeron grandemente a acrecentar la identificación de las distintas clases existentes en la sociedad cubana, y a solidificar el proceso de la integración nacional.

Otro de los cubanos que tuvieron una extraordinaria influencia en el proceso histórico-social del siglo XIX fue José de la Luz y Caballero, el amado discípulo del Padre Varela, a quien éste llamaba por su nombre juvenil de Pepe de la Luz. Era sobrino del Padre José Agustín Caballero. De su tío y de su profesor heredó la preocupación por los destinos nacionales. Al contrario de Saco, que vivió tantísimos años fuera de la Patria, Luz y Caballero decidió permanecer en ella, y sólo la abandonó dos veces, para visitar a Varela en Nueva York, y para recorrer brevemente algunos países de Europa. Su decisión de vivir en Cuba estuvo seguramente dictada por su decidida vocación al magisterio. Pero, además, por la convicción de que su mejor manera de contribuir al bienestar de su Patria era la de consagrarse,

---

[13] Ibid., pág. 79.

como antes lo había hecho el Padre Varela, a la educación de los jóvenes, aunque para poder hacerlo tuviera que apagar los sentimientos separatistas. Cuando el destierro de Saco, José de la Luz no vaciló en enfrentarse al tirano Tacón, y le envió dos cartas protestando enérgicamente por la medida tomada contra su amigo y antiguo condiscípulo. En 1834, lo nombraron Director del colegio de «San Cristóbal», también conocido como «Carraguao», en La Habana, y, en 1848, fundó el colegio «El Salvador», donde por muchos años se educó lo mejor de la juventud cubana.

Luz y Caballero fue el principal continuador de los estudios filosóficos del Padre Varela. Tenía una cultura extraordinaria, y conocía el pensamiento de la antigüedad griega y latina, las doctrinas de la patrística y la escolástica, y las más modernas ideas de Descartes, Bacon, Locke, Hegel y Kant. Era un decidido partidario del estudio de las ciencias naturales, y aunque estaba muy al tanto de la teoría evolucionista y del movimiento biológico de principios del siglo XIX, su orientación cientificista no le impidió ni continuar apreciando las humanidades, ni mantener su fe en la existencia de Dios y en la trascendencia del alma.

Las enseñanzas de Luz y Caballero tuvieron honda repercusión en la formación intelectual, moral y patriótica de la juventud de su tiempo. Fue profesor de Rafael María de Mendive, el maestro de José Martí, de Ignacio Agramonte, de Manuel Sanguily y de muchos otros intelectuales y patriotas cubanos. Y sus ideas sobre la Patria y sobre el amor que se le debe estaban tan arraigados en sus alumnos que, no obstante haber fallecido Luz seis años antes de que comenzara la Guerra de los Diez Años en 1968, su colegio se quedó prácticamente vacío. Tanto los ex-alumnos, como los profesores y los estudiantes más avanzados, corrieron a la manigua y se unieron a las filas de los insurrectos.

Los ideales del Padre Varela, expresados en las poesías patrióticas de Heredia, y reflejados en los escritos y las actividades de Saco y Luz, produjeron una gran maduración en la integración nacional cubana y se enraizaron muy profundamente, sobre todo en la clase de los «criollos». Todo esto ocasionó que buena parte de los integrantes de esta clase, donde comenzaron a coincidir y a identificarse los blancos y los negros, se identificara y se aglutinara alrededor del común ideal independentista. Sólo la intensidad y la energía de esta coincidencia hizo posible que los cubanos pudieran mantener por diez años la lucha armada contra la Metrópoli. A partir de este período, desde luego, predominó la acción sobre el pensamiento, con la consecuencia de que la población de la Isla, a pesar de los esfuerzos de los autonomistas, terminó polarizada entre los extremos de la independencia y el integrismo.

Una figura sobresaliente dentro de las letras y la cultura cubanas, que jugó un papel muy importante en el proceso de nuestra integración nacional, fue la de Enrique José Varona. Pertenece a la sexta generación del período independentista, la que Lazo ha llamado «generación finisecular». Después de iniciales tanteos, en que se incorporó al ejército libertador para separarse del mismo casi inmediatamente, Varona se unió a los autonomistas. Llegó a ser elegido como Diputado a las Cortes españolas por su partido, pero, finalmente, convencido de que España nunca haría en Cuba verdaderas reformas, se convirtió en un ardiente defensor del separatismo y la independencia. Desde temprano, mostró en sus artículos y conferencias su preocupación por las cuestiones nacionales, y comenzó a señalar las deficiencias y limitaciones que el régimen colonial imponía en Cuba. Varona atacó, particularmente, la inmovilidad y el estancamiento político y cultural del sistema colonial, y reconoció el aporte benéfico que, tanto en el campo político como en el cultural, habían hecho los hombres del 68 con su reacción y su rebeldía frente al sistema.

Después de la muerte de Martí, Varona fue designado para dirigir el periódico *Patria* y, en 1896, publicó un panfleto titulado «Cuba contra España», que produjo gran impacto y fue traducido a los principales idiomas del mundo. Durante el Gobierno Interventor Norteamericano, Varona fue encargado de modificar los planes de estudio, y lo hizo dejándose llevar por las ideas del positivismo comtiano que había aceptado por completo. El famoso Plan Varona que se adoptó para la Segunda Enseñanza puso todo el énfasis en las ciencias, y aunque Varona era el primer humanista cubano de su tiempo, eliminó casi completamente el estudio de las Humanidades. Jorge Mañach explicó la actitud de Varona con una conocida frase, diciendo que había sido una «terapéutica de urgencia[14]«. De todos modos, la reforma de Varona tuvo aspectos positivos, sobre todo, en la creación de nuevas Facultades universitarias.

Durante las primeras décadas republicanas, Varona participó en la política activa, llegando a ser Vicepresidente de la República, pero después se retiró de la actividad pública y se dedicó a pensar y a expresar sus ideas, ya fuera sobre la actualidad nacional o sobre los altos destinos de la Patria.

---

[14] Jorge Mañach, «El filosofar de Varona», en *Homenaje a Enrique José Varona*, (La Habana, 1951), pág. 393.

Estudió y criticó severamente el imperialismo norteamericano, advirtiendo a los cubanos contra el peligro de ser absorbidos por aquél. Además, como ha dicho Elio Alba-Buffill, «Varona mantuvo una preocupación constante para evitar que la Cuba republicana padeciera de los mismos vicios que él tan acremente denunció en la colonia[15]«. Por su alta autoridad cívica y patriótica, Varona llegó a convertirse en una especie de conciencia moral de la República, a quien los jóvenes miembros de las nuevas generaciones acudían, en busca de orientación y de apoyo para las actividades nacionales. Respetado y admirado por todos, murió poco después de la caída de Machado, con la tristeza de haber visto a la Patria sometida de nuevo a una cruel tiranía, pero con la satisfacción de haber continuado hasta el final de sus días defendiendo los valores más positivos de la nacionalidad, y criticando los factores que retardaban el desarrollo nacional.

En el esquema generacional del Profesor Lazo, José Martí pertenece, como Varona, a la generación «finisecular». Refiriéndonos al Apóstol de nuestra independencia, lo primero que hay que señalar es que casi toda la obra de Martí, con ser tan amplia y variada, se puede decir que gira alrededor de la cuestión cubana. Ya sea para señalar sus deficiencias, ya para lamentar su situación esclava, ya para celebrar sus virtudes, cantar sus glorias o proponerle soluciones, lo cierto es que Cuba está casi siempre presente en todo lo que Martí escribe. Pero no hay que pensar que el único objetivo y la meta exclusiva de Martí era la obtención de la independencia y el establecimiento de la República. El Apóstol veía más lejos y se daba cuenta de la necesidad de integrar los elementos de la nación en un todo homogéneo, con unidad de espíritu y con propósito colectivo. Y como tuvo tan destacada influencia en determinar los caminos por donde se orientó la Patria, es fácil ver que Martí influyó notablemente en el proceso de la integración nacional cubana.

La vastedad de la obra martiana hace imposible señalar dentro de la misma todas las ocasiones en que esa influencia se hizo evidente. Me voy a limitar, por eso, a presentar un ejemplo que, por sí solo, servirá para ilustrar la preocupación constante de Martí por los problemas básicos y esenciales de la nación, y su aspiración a lograr la integración y unidad de factores que Cuba necesitaba.

---

[15] Elio Alba-Buffill, «*Dimensión histórica de Enrique José Varona*», en *Conciencia y Quimera*, (New York: Senda Nueva de Ediciones, 1985), pág. 45.

En 1873, a los veinte años, publicó Martí en Madrid su famoso alegato ante la recién establecida República Española, titulado *La República Española ante la Revolución Cubana*. En ese trabajo sostiene el Apóstol que España debía reconocer la independencia de Cuba, y entre las razones que aduce se destaca el argumento de que Cuba y España no constituyen una unidad nacional, porque los elementos que forman la nación son diferentes entre los pueblos de una y la otra. Martí señaló que la historia nuestra no era la historia de los peninsulares, añadiendo que de «distinto comercio se alimentan, con distintos países se relacionan, con opuestas costumbres se regocijan. No hay entre ellos aspiraciones comunes, ni fines idénticos, ni recuerdos amados que los unan[16]«. Reconociendo, por tanto, que los pueblos de Cuba y España constituyen unidades nacionales diferentes, el Apóstol de la Patria se pregunta si «¿no es locura pretender que se fundan en uno dos pueblos por naturaleza, por costumbres, por necesidades, por tradiciones, por falta de amor separados, unidos sólo por recuerdos de luto y de dolor?»[17]

Un punto que me parece interesante señalar es el hecho de que, a pesar de su juventud, Martí llega a la conclusión —quizás porque lo intuye— de que la unidad y la integridad de los pueblos no se forma sólo por la concurrencia de un número de factores objetivos. Se necesitan otros elementos de índole subjetiva, que son los que él relaciona cuando habla de la Patria, al decir que la misma «es comunidad de intereses, unidad de tradiciones, unidad de fines, fusión dulcísima y consoladora de anhelos y esperanzas[18]«. Mucha satisfacción debe haber experimentado Martí, años más tarde, al comentar el famoso discurso dicho por Ernesto Renán en la Sorbona, y comprobar que el escritor francés se inclinaba también a los factores subjetivos, cuando decía que «una nación es un alma, un principio espiritual[19]«.

---

[16] José Martí, «La República española ante la Revolución cubana», en *La Gran Enciclopedia Martiana,* (Miami: Editorial Martiana, Inc., Tomo 2, 1978), pág. 57.

[17] Ibid., pág. 57.

[18] Ibid., pág. 56.

[19] Ernest Renán, «Qu'est-ce qu'une nation?» (Conferencia en la Sorbona, 1882). Citado por Jorge Mañach en *Historia y Estilo,* (Miami: Editorial Cubana, 1994), pág. 38.

La vida de Martí fue un constante desvelo por la Patria. Para Cuba casi siempre tenía la primera palabra, y también la última. Sus trabajos escritos, sus discursos y su vida patriótica ejemplar contribuyeron grandemente a mantener vivo y pujante el proceso de la integración nacional cubana. Ese proceso se había venido desarrollando a lo largo del siglo alrededor del ideal independentista de Varela. Martí tomó el ideal vareliano y lo convirtió en el objetivo principal de su vida. A partir de 1892, se dedicó exclusivamente a lograr este ideal. Fundó el Partido Revolucionario Cubano y fundó su órgano de expresión, el periódico *Patria*. Y llevó a cabo una increíble labor aglutinadora. Unió a los cubanos del norte con los del sur de los Estados Unidos. Unió a los patriotas de las emigraciones, o sea del exilio, con los que vivían en la Isla. Unió a los hombres de la Guerra Grande del 68 con los «pinos nuevos». Y escribió el «Manifiesto de Montecristi» para proclamar las razones de la nueva guerra que, en definitiva, nos logró la República. Muchos llegaron a pensar que con la labor de Martí el proceso de la integración nacional cubana había logrado su culminación. Se olvidaron que él había dicho que la verdadera tarea libertadora comenzaba, precisamente, con la independencia.

A pesar de estos logros, en 1943, después de un proceso revolucionario que había hecho renacer las más risueñas esperanzas nacionales, y a sólo tres años de haberse elaborado y puesto en vigor una Constitución avanzadísima, tuvo lugar en Cuba un evento que sacudió el ambiente intelectual y cultural. Jorge Mañach, que pertenecía a la segunda generación del período republicano, y que era el más respetado de todos los intelectuales cubanos, y el más agudo observador de la problemática nacional, en su discurso de entrada a la Academia de la Historia sostuvo que el proceso histórico de Cuba no había llegado nunca a completarse. El autor de esta interesante tesis había comprobado que, después de cuarenta años de República, la característica dominante de los cubanos era el 'choteo'. Predominaban los intereses particulares sobre los intereses públicos. Los esfuerzos positivos se quedaban aislados y dispersos. La realidad de la República no llenaba el concepto que Martí había soñado, ni tampoco alcanzaba el ideal que el mismo Mañach había concebido. Buscando una explicación a lo acaecido, llegó a la conclusión de que la intervención norteamericana de 1898, y su secuela de la Enmienda Platt, limitativa de la soberanía nacional, habían interrumpido el progresivo avance del desarrollo nacional cubano, en el momento mismo en que estaba a punto de llegar a su cima. Partiendo del espiritualista concepto de nación de Renán, compartido por Martí, afirmó que los diferentes elementos de la sociedad cubana no se habían desarrollado adecuadamente y no habían llegado a integrarse en una unidad homogénea. Cuba no era una verdadera nación porque no había un verdadero y único sentido nacional, y porque no se había llegado a formar una verdadera conciencia nacional. El alma nacional cubana, simplemente, no existía.

A partir de ese momento, y siguiendo a Mañach, se empezó a hablar en Cuba de «la nación que nos falta[20]«, y fueron muchos los que se adhirieron a la tesis del insigne escritor. Esta apasionante cuestión, que es la que ha impulsado al Instituto Jacques Maritain a organizar este ciclo de conferencias, aún está sometida a debate. Los argumentos esgrimidos por el sagüero ilustre permanecen en pie, y la aparente facilidad con que se desmoronó la República a la llegada del comunismo ateo, así como los acontecimientos de los últimos cuarenta años parecen haberle dado la razón. Sin embargo, todavía es posible sostener que el pueblo cubano, una vez superado el desgarramiento social que significaba la esclavitud, y después de medio siglo de luchas por lograr la independencia, había llevado a feliz término el proceso de su integración nacional. El hecho cierto es que el ideal cubano de una Patria libre, independiente, justa y feliz se ha mantenido en el corazón de casi dos millones de cubanos que han tenido que salir al exilio. Y también es cierto que ese ideal está retornando y convirtiéndose en la esperanza y la aspiración de los cubanos de la Isla. Todo lo cual puede ser un indicio de que, aunque escondido en el corazón de los verdaderos cubanos, el concepto de nación se había desarrollado mucho más de lo que pudo ver la pupila sagaz del ilustre cubano que fue Jorge Mañach y Robato.

---

[20] Jorge Mañach, *Historia y Estilo*, (Miami: Editorial Cubana, 1994), pág. 64.

DIÁSPORA Y LITERATURA
Indicios de una ciudadanía postnacional

Rafael Rojas

> *... Las dejé desfilar: venían de mí, cargadas conmigo, con esa maraña heterogénea de cosas que evidentemente soy, y no tuve valor para interrumpirlas... Esperaba, quizás, que acabaran llevándome al país que vislumbrara Martí.*
>
> Orlando González Esteva

El nacimiento de otra noción

En febrero de 1994, el filósofo norteamericano Richard Rorty publicó en *The New York Times* un artículo, titulado «The Unpatriotic Academy», que reactivaría el viejo debate occidental entre patriotismo y cosmopolitismo. Por el contrario de Harold Bloom, quien había publicado su libro *The Western Canon* ese mismo año, Rorty, desde la izquierda académica, le reprochaba al multiculturalismo postmoderno, ya no que institucionalizara el rencor y la queja, sino que, en «nombre de una política de la diferencia repudiara la idea de la identidad nacional y la emoción del orgullo nacional».[1] El artículo provocó la reacción de Martha Nussbaum quien, siguiendo a Kant, defendió la idea ilustrada de una pedagogía universalista, y luego otros cuatro intelectuales norteamericanos, Anthony Appiah, Amy Gutmann, Charles

---

[1] Richard Rorty, *et. al., Cosmopolitas o patriotas*. Buenos Aires: Fondo de Cultura Económica, 1997, p. 28.

Taylor y Michael Walzer, se sumaron a la querella, recurriendo a la maña aristotélica del justo medio: ni cosmopolitismo antipatriótico ni nacionalismo antiuniversal.[2]

Es curioso que el italiano haya sido el medio intelectual europeo donde la polémica tuvo un mayor eco. El filósofo liberal Norberto Bobbio argumentó que el nacionalismo, a diferencia de lo que muchos republicanos creen, no es un sustrato ideológico favorable para la construcción democrática. Del otro lado, Gian Enrico Rusconi, autor de *Si dejamos de ser una nación* (1993) y de *Patrias pequeñas, mundo grande* (1995), insistía en que Italia, por su tardía unificación nacional y por la mala conciencia del nacionalismo fascista, necesitaba de una moral cívica y patriótica para afianzar su transición a la democracia.[3] Creo apropiado trasladar el debate al caso cubano no sólo porque Cuba, por el doble hecho de hacer frontera con los Estados Unidos y ser también un país migratorio, construido por inmigrantes y emigrados, ya siente los efectos de una cultura postnacional, sino porque, al igual que el italiano, el nacionalismo insular es romántico tardío, del siglo XIX, y también produce un orden totalitario, aunque comunista, en el siglo XX.

El nacionalismo cubano es una mentalidad, un discurso y una práctica cultural de ciertas élites criollas, sobre todo blancas y mestizas, de los dos últimos siglos; pero la nación cubana es la hechura social de pequeñas y grandes inmigraciones, como la africana, la española, la china, la judía, la norteamericana o la rusa. Aunque a finales del siglo XIX hubo exilio de minorías intelectuales y políticas a Madrid, Nueva Orleans o Nueva York y, sobre todo, una importante emigración trabajadora a Tampa y Cayo Hueso, hasta principios de los años 60 de este siglo, tuvo más peso la inmigración que el exilio en la historia social de Cuba. A partir del triunfo de la Revolución en 1959 y del establecimiento de un régimen comunista en 1961 este proceso se invirtió radicalmente y la sociedad cubana comenzó a generar más exilio que inmigración. El nuevo movimiento migratorio, hacia afuera, no sólo fue mucho más cuantioso que el del siglo XIX, sino que estuvo más repartido entre los Estados Unidos y algunos países europeos y latinoamericanos, en especial, España, Francia, México, Colombia, Venezuela y Puerto

---

[2] *Ibid.*, pp. 45-64.

[3] *Ibid*, pp. 16-19 y 65-90; ver también Antonella Attili, *La política y la izquierda de fin de siglo*. México: Cal y Arena, 1997, pp. 81-108.

Rico. El exilio cubano siempre fue diaspórico; sólo que hoy, por la densidad demográfica que alcanzan sus distintas colonias, dicha condición se hace más tangible.

Cuenta Guillermo Cabrera Infante que fue Calvert Casey quien primero aludió al exilio de la isla como una *diáspora*.[4] Es curioso y, a la vez, comprensible que dicha noción aparezca en la obra de un escritor norteamericano-cubano, nacido en Baltimore, formado intelectualmente en la Habana y exiliado en Roma, donde se suicidó a mediados de los 60. En este caso, el uso del término, inspirado en el motivo bíblico de la errancia judía, proviene, pues, de la vida nómada del autor de ese sintomático cuento titulado *El regreso*. El tipo de identidad que dos décadas después producirán algunos escritores cubano-americanos, como Oscar Hijuelos, Virgil Suárez, Cristina García, Roberto Fernández, Gustavo Pérez Firmat y Antonio Vera León, viene siendo un viaje en sentido contrario al de Casey. La hibridez de estos autores es, por lo general, de raíz binaria: dos lenguas, dos costumbres, dos políticas, dos culturas, dos naciones. El acomodo a ese biculturalismo suscita una estetización del limbo, de la vida entre dos aguas: «life on de hyphen» le llama Gustavo Pérez Firmat; «sujeto di-vertido» se llama Antonio Vera León.[5]

Más que una subjetividad nómada la experiencia cubano-americana podría implicar un nuevo tipo de sedentarismo que recurre a la localización bicultural de una frontera demasiado fija.[6] De ahí, tal vez, esa sutil resistencia a una noción radicalmente traslaticia, como la de diáspora, que ya comienza a observarse en esta literatura.[7] Desde mediados de los 80 los autores cubano-

---

[4] Guillermo Cabrera Infante, *Mea Cuba*. México: Editorial Vuelta, 1993, p. 375.

[5] Gustavo Pérez Firmat, *Life on the Hyphen. The Cuban American Way*. Austin: University of Texas Press, 1994, pp. 1-20 y *Next Year in Cuba. A Cubano's Coming of Age in America*. New York: Doubleday, 1995, pp. 1-12 y 267-274; Antonio Vera León, «Beckett en la Habana (sujetos biculturales y escrituras bilingües)», en *Cuba: la isla posible*. Barcelona: Ediciones Destino, 1995, pp. 67-77.

[6] Homi K. Bhabha, *The Location of Culture*. London and New York: Routledge, pp. 212-235.

[7] Las críticas de Pérez Firmat a la ausencia de escenas newyorkinas en la poesía de José Kozer tal vez se encaminan en esa dirección. Gustavo Pérez Firmat, *Life on the Hyphen. The Cuban-American Way*. Austin: University of Texas Press, 1994, pp. 156-180.

americanos abrieron un campo literario que rechaza la idea de *exilio*, por su infatuada política de la nostalgia; ahora, a fines de los 90, ese campo literario, en tanto figuración de un *etnos* minoritario dentro de los Estados Unidos, probablemente se cierre ante la emergencia de poéticas diaspóricas, cuya representación de la frontera es más móvil, desterritorializada y, en resumidas cuentas, más cosmopolita. Paradójicamente, muchos intelectuales de la isla también rechazan la noción de exilio, por su carga política, y prefieren el término neutro de *emigración*, aunque algunos ya aceptan el concepto de diáspora.[8]

Vale señalar que este nuevo mapa de las identidades está conformado no sólo por experiencias y poéticas personales, sino por prácticas movedizas de la escritura. En la poesía, por ejemplo, es más rara la formulación de una estética bilingüe y bicultural. Dos de los poetas más importantes del exilio cubano, José Kozer y Orlando González Esteva, que siempre han escrito en español, difícilmente podrían enmarcarse en el *cuban-american way*. El primero, por su identidad judía, sus peregrinaciones latinoamericanas y su actual residencia en Málaga, después de 35 años en Nueva York, prefiere considerarse una criatura *et mutabile*, un «alma arrojadiza despidiendo sus atributos».[9] El segundo, quien siempre ha vivido en Miami, aunque ha publicado casi toda su obra en México, está muy cerca de ese patriotismo literario del primer exilio que se empeña en recobrar, a través de la imagen, el paraíso perdido de la cubanidad.[10] Tal vez el único poeta plenamente cubano-americano sea el propio Gustavo Perez Firmat, como se muestra en *Equivocaciones* y, sobre todo, en *Bilingual Blues*. A unos versos de Heberto Padilla, «¿cómo puede seguir uno viviendo/ con dos lenguas, dos casas, dos nostalgias/ dos tentaciones, dos melancolías?», Pérez Firmat responde: «y yo te respondo, Heberto, talmúdicamente:/ ¿cómo no seguir viviendo con dos/

---

[8] Victor Fowler, «Miradas a la identidad en la literatura de la diáspora», revista *Temas*. La Habana, abril-junio de 1996, Núm. 6, pp. 122-132. Mi único reparo a este magnífico ensayo sería, precisamente, que su autor sugiere una contraposición binaria entre los conceptos de *diáspora* y *exilio*.

[9] José Kozer, *AAA1144*, México: Verdehalago, 1997, p. 27.

[10] Esto se observa en casi toda la poesía de González Esteva, desde *Mañas de la poesía* hasta *Escrito para borrar*; aunque un reciente libro de prosa lo expresa con singular claridad: *Cuerpos en bandeja. Frutas y erotismo en Cuba*. México: Artes de México, 1998.

lenguas casas nostalgias tentaciones melancolías?/ Porque no puedo apuntarme una lengua,/ ni tumbar una casa/ ni enterrar una melancolía».[11]

La memoria de Kozer, en cambio, es diaspórica desde el momento en que superpone el legado errante de su raíz étnica a la doble experiencia de un exilio familiar y nacional: «todas las tiendas de la Habana se han cerrado,/ los obreros se han puesto a desfilar enardecidos,/ y mi padre, judío polvoriento,/ carga de nuevo las arcas de la ley cuando sale de Cuba».[12] González Esteva, desde un exilio más tradicional, nos ofrece, por su parte, otra política de la memoria y otra poética del éxodo: la escritura en la distancia como el regreso a un lugar de origen que ha sido previamente sacralizado por la *anámnesis*. Es curioso que al evocar aquella escena de *El color del verano* de Reinaldo Arenas, en la que la isla abandona su plataforma y navega sin rumbo, alegoría de eso que Iván de la Nuez llama «la balsa perpetua», González Esteva rearticule el mito originista del nacimiento de Cuba dentro de la poesía, de la génesis por la imagen: «esta visión de Arenas de una Cuba trashumante, lejos de ser un presagio, bien pudo ser una reminiscencia de quién sabe qué circunnavegaciones efectuadas por la isla en épocas inmemoriales».[13] Pero la fijeza de González Esteva se distingue de la de Lezama porque no proviene de la estetización de un paisaje accesible, sino de una pérdida, de un descentramiento fundacional: el destierro.

En todo caso la experiencia cubano-americana no sólo es la más híbrida de la diáspora por su densidad demográfica, sino por el hecho de transcurrir dentro de una comunidad multiétnica y multinacional por antonomasia. En los Estados Unidos, aquellas políticas de la postmodernidad que conducen al perfilamiento jurídico de una ciudadanía multicultural, y que trascienden el modelo cívico del nacionalismo republicano, han sido más tempranas y

---

[11] Roberto Durán, Judith Ortiz Cofer y Gustavo Pérez Firmat, *Triple Crown*. Tempe, Arizona: Bilingual Press, 1987, p. 159.

[12] José Kozer, *The Ark Upon the Number*. New York: Cross-Cultural Communications, 1989, p. 6. Ver también la sección «Diáspora» de su libro *Y así tomaron posesión en las ciudades*. México: UNAM, 1979, pp. 3-10.

[13] Orlando González Esteva, *Cuerpos en bandeja*. México: Artes de México, 1998, p. 115.

eficaces que en Europa o América Latina.[14] Sin embargo, la cultura cubanoamericana es sólo un lugar de la diáspora y no toda o la única diáspora, ya que el término alude, justamente, a un descentramiento, a una atomización traslaticia, a una fragmentación del territorio por medio de la errancia o, si se quiere, a un ejercicio radical de eso que Eugenio Trías ha llamado «la lógica del límite».[15] No veo, pues, una relación excluyente entre los conceptos de diáspora y exilio, ya que la primera quiere significar el conjunto de todos los espacios migratorios, mientras que el segundo se refiere a un tipo específico de emigración: aquella que concibe el éxodo como destierro nacional, como viaje hacia la oposición política.[16] Dicho gráficamente: Miami es un lugar de la diáspora, pero la mayoría de sus habitantes aún vive en el exilio.[17]

Esto no quiere decir, en modo alguno, que una cultura territorializada por la política del exilio, como la de Miami, sea propiamente *nacional*. A pesar de que Miami parezca un santuario de la cubanidad y que sus habitantes reproduzcan los cánones morales del nacionalismo cubano, cada día, esa comunidad está más cerca de pertenecer a un *etnos* que a una nación. Lo mismo, en mayor o menor medida, está sucediendo con todas las colonias de la diáspora cubana en Europa y América Latina: cubano-españoles, cubanomexicanos, cubano-colombianos, cubano-puertorriqueños... La globalización, como advierte Saskia Sassen, produce en los *ghettos* de inmigrantes un

---

[14] Will Kymlicka, *Multicultural Citizenship. A Liberal Theory of Minority Rights*. Oxford: Clarendon Press, 1995, pp. 10-33; Georgie Anne Geyer, *Americans No More*. New York: The Atlantic Monthly Press, 1996, pp. 56-94; Jürgen Habermas, *Más allá del Estado nacional*. México: FCE, 1998, pp. 29-39; Etienne Balibar & Immanuel Wallerstein, *Race, Nation, Class*. New York: Verso, 1991, pp. 37-67; Carlos Thiebaut, *Vindicación del ciudadano. Un sujeto reflexivo en una sociedad compleja*. Barcelona: Paidós, 1998, pp. 275-282.

[15] Sigo aquí las ideas de James Clifford en *Routes. Travel and Translation in the Late Twentieth Century*. Cambridge, Mass: Harvard University Press, 1997, pp. 244-277.

[16] Elazar Barkan & Marie-Denise Shelton, *Borders, Exiles, Diasporas*. Stanford: Stanford University Press, 1998, pp. 1-11.

[17] Iván de la Nuez, *La balsa perpetua. Soledad y conexiones de la cultura cubana*. Barcelona: Editorial Casiopea, 1998, pp. 137-144.

desplazamiento del «nacionalismo cerrado» por el «etnicismo abierto».[18] De ahí que si el ritmo de la emigración legal, iniciado en 1994, se mantiene en los próximos años, a principios del siglo XXI más de 3 millones de cubanos conformarán una ciudadanía postnacional étnica y culturalmente heterogénea. La emergencia de ese sujeto nos hace regresar, pues, a la cadena de preguntas que suscitó el debate entre cosmopolitas y patriotas: ¿será esa ciudadanía postnacional un sujeto de derechos políticos en una Cuba democrática? ¿Favorecerán la naciente democracia cubana esas políticas postmodernas de la diáspora? ¿Es posible una democracia sin un modelo cívico republicano?, o mejor, ¿es concebible un modelo cívico republicano sin una identidad nacional, aunque sea débil, crítica o abierta?[19]

Ciudadanos del no lugar

La literatura, como ha demostrado Michel de Certeau, es siempre una «producción de lugares».[20] La naturaleza profética, más que utópica, de toda narrativa está dada por la insinuación de aquellos sujetos que aún no verifican sus prácticas en la historia. Entrelazando esta idea de Michel de Certeau con otra de Carlo Ginzburg, podría decirse que la literatura, además de *lugares*, produce *indicios* de una subjetividad, de una ciudadanía cultural y política.[21] ¿Qué lugar o qué ciudadanía narran los escritores de la diáspora cubana? Es sugerente pensar que se trata del *no lugar* de una ciudadanía postnacional, es decir, del territorio de esa «comunidad que viene», desprovista de las

---

[18] Saskia Sassen, *Globalization and Its Discontentes. Essays on the New Mobility of People and Money*. New York: The New York Press, 1998, pp. 31-53.

[19] Uno de los más honestos esfuerzos por resolver este dilema se encuentra Pheng Cheah y Bruce Robbins, *Cosmopolitics. Thinking and Feeling Beyond the Nation*. Minneapolis: University of Minesota Press, 1998, pp. 1-41.

[20] Michel de Certeau, *La escritura de la historia*. México: Universidad Iberoamericana, 1993, pp. 108-115.

[21] Carlo Ginzburg, *Mitos, emblemas, indicios. Morfología e historia*. Barcelona: Gedisa, 1994, pp. 138-164.

figuraciones románticas del espíritu de la nación y aferrada a los ejercicios anónimos del cuerpo de su civilidad.[22]

Guillermo Cabrera Infante en Londres, María Elena Blanco en Viena, René Vázquez Díaz en Estocolmo, Zoé Valdés en París, Jesús Díaz en Madrid, Eliseo Alberto en México, Carlos Victoria en Miami, Leonardo Padura Fuentes en la Habana... narran el mismo lugar del futuro desde distintos lugares del presente. Esa operación, involuntariamente colectiva, es similar a los reflejos múltiples de las mónadas de Leibniz, que, al decir del gran filósofo francés Gilles Deleuze, conforman una suerte de polifonía barroca, una «disonante armonía": ventanas, espejos, miradas que llegan a la plaza de una ciudad por calles diferentes.[23] La nueva fauna social que describe esta narrativa viene siendo algo así como una taxonomía o un carnaval de los sujetos del siglo XXI: macetas, jineteros, balseros, empresarios post-comunistas, disidentes, salseros, rockeros, *dealers*, emigrantes buscavidas, travestis, ex-policías..., es decir, toda una picaresca que, como en la España del Siglo de Oro, anuncia la muerte de un mundo y el nacimiento de otro.

La diversificación que supone esa taxonomía contrasta con la homogeneidad cultural del sujeto revolucionario de los años 60 y 70. Dicho sujeto era el *compañero*, una suerte de ciudadano estatal, que resolvía su sociabilidad dentro de una red de aparatos políticos que penetraban, incluso, la vida privada. Es en este sentido que puede hablarse del orden totalitario comunista como otra vuelta de tuerca al modelo cívico republicano. La vocación política del ciudadano en la República se vuelve lealtad al Estado en la Revolución. La nueva narrativa de la diáspora ubica, justamente, en los años 70, la emergencia de una primera marginalidad cultural que quiebra los mecanismos de socialización del orden revolucionario. En la novela *La travesía secreta* de Carlos Victoria encontramos la reconstrucción de ese momento en que los nuevos sujetos descubren que la unidad social de la Revolución es

---

[22] Ver Marc Augé, *Los «no lugares». Espacios del anonimato. Una antropología de la sobremodernidad*. Barcelona: Gedisa, pp. 81-118; y Giorgio Agamben, *La comunidad que viene*. Valencia: Pretextos, 1996, pp. 15-16.

[23] Gilles Deleuze, *El pliegue. Leibniz y el barroco*. Barcelona: Paidós, 1989, pp. 155-177.

ficticia, que también en el comunismo «el mundo está dividido, la gente está separada».[24]

Victoria cuenta las peripecias de un grupo de jóvenes intelectuales, en la Habana de fines de los 60 y principios de los 70, ilustrando, a cada paso, esa fractura moral que se produce entre la Revolución y sus criaturas. Después de vigilancias y castigos, cárceles y suicidios, traiciones y locuras, los personajes terminan localizados en un lugar, que, por estar fuera del Estado totalitario, también está fuera de la Nación. Esta localización extra-nacional es la experiencia que condicionará, en buena medida, el éxodo de más 120 000 personas por el puerto de Mariel en 1980. La taxonomía social de ese exilio aparece esbozada, *a priori*, en la exhaustiva descripción que hace Victoria de aquella comunidad contracultural habanera de los años de la *Ofensiva Revolucionaria*, agremiada, en pequeños círculos, alrededor de la heladería Coppelia:

> Pero los grupos de genuina *onda* eran los que abundaban, dispersos en los jardines de la heladería. Se concentraban en bandas, casi siempre alrededor de un capitán: Pedro el Bueno, un mulato de imponente afro, dirigía «Los chicos de la flor"; Raúl Egusquiza, con su guitarra a cuestas, era el líder de «Los sicodélicos del Cerro"; Marcelo el Avestruz era el jefe de «Los pastilleros», famosos por su consumo de anfetaminas; Tadeo, más conocido por Abracadabra, era el integrante más destacado de «Los duendes», de los que se rumoraba que mantenían actividades subversivas, como romper teléfonos en el barrio de Marianao; un tal Arturo, al que apodaban Lord Byron, que además de ser cojo se parecía al poeta, presidía «Los morbosos». Estos últimos eran la vanguardia pensante de aquel remolino juvenil: sus miembros hablaban de cine y poesía, leían a Marcuse y Ortega y Gasset, citaban a Kafka y a Baudelaire... También circulaban por el lugar personajes aislados, como Amelia Gutiérrez, ganadora de un premio nacional de poesía por un libro que nunca llegó a publicarse; José Manuel el científico, expulsado de la carrera de Física por poner en duda la eficacia de la enseñanza en la Universidad de la Habana; el pintor Aguirre y su mujer Berta Torres, ambos de una fealdad pasmosa, que en su afán de imitar a Sonny and Cher recurrían a una ropa estrafalaria que les había ganado el título de «La Pareja Asesina"; el negro Gerardo, que

---

[24] Carlos Victoria, *La travesía secreta*. Miami: Ediciones Universal, 1994, p. 413.

escribía cuentos surrealistas, y que una vez recorrió descalzo el Malecón, de una punta a la otra, con una enorme cruz de madera al hombro, lo que le costó seis meses en la prisión del Morro por escándalo público; Tony el Mexicano, con su pelo lacio y fuerte que le llegaba a la cintura, pero que él recogía sabiamente bajo un sombrero para evitar un mal rato con la policía; Victor Armadillo, que había dirigido documentales revolucionarios sobre la siembra de caña y la cosecha de café, pero que luego había caído en desgracia por posesión ilegal de dólares; Terencio Pelo Viejo, que alardeaba de haber introducido la Dianética en Cuba, y que en los últimos tiempos se había convertido en asiduo cliente del Hospital Psiquiátrico de Mazorra; Pablito el Toro, al que muchos consideraban un policía disfrazado de hippie; Ana Rosa la India, mujer enigmática que se acostaba todas las noches con un joven diferente; un afeminado alto y silencioso, de facciones agraciadas, a quien llamaban La Punzó, pues su ropa habitual era una guayabera teñida de rojo y un pantalón del mismo color... Todo este exhibicionismo sin sentido, era una resistencia pasiva... Pero adónde conduciría esta efervescencia, era algo que nadie podía prever.[25]

La imaginación sociológica que despliega Victoria en esta novela vislumbra, acaso, la oportunidad fallida de un 68 habanero. El principio de enumeración *ad infinitum*, que constituye la taxonomía naturalista, permite, como señalaba Michel Foucault, una «representación duplicada», la narrativa de una «continuidad» cuyo único desenlace puede ser la «catástrofe».[26] Esa fragmentación de la sociabilidad revolucionaria en pequeñas cofradías marginales, estructuradas, por cierto, bajo el mismo patrón caudillista del poder, es una imagen recurrente, una especie de sello estilístico de toda la narrativa del Mariel. El propio Reinaldo Arenas, escritor canónico de esa generación, lo plasma en sus memorias *Antes que anochezca*, cuando describe las tertulias literarias que, junto a los hermanos Abreu, celebraba en el Parque Lenin a mediados de los 70.[27] En aquellas tertulias, como lo

---

[25] Carlos Victoria, *op. cit*, pp. 293-295.

[26] Michel Foucault, *Las palabras y las cosas*. México: Siglo XXI, 1985, pp. 69-73 y 146-151.

[27] Reinaldo Arenas, *Antes que anochezca*. Barcelona: Tusquets, 1992, pp. 148-149.

confirma el testimonio de Juan Abreu, surgió la idea de editar una publicación, titulada *Ah, la marea*, que luego, en el exilio, se convertiría en la importante revista *Mariel*.[28]

El proceso de descomposición moral del sujeto revolucionario, que se inició en los 70, culmina en los 90, con la emergencia de una nueva marginalidad, virtualmente mayoritaria, y un nuevo éxodo, también masivo: el de decenas de miles de balseros en el verano de 1994. Sería interesante emprender una lectura paralela de las inscripciones de ambas subjetividades en la última narrativa cubana. Más allá de los matices históricos, las dos fragmentaciones de la identidad nacional a que aludimos, la de los 70 y la de los 90, comparten una representación literaria taxonómica que, siguiendo a Foucault, podemos relacionar con el asombro de la escritura ante el espectáculo de la diversidad moral.[29] En su deliciosa novela *Máscaras*, Leonardo Padura Fuentes, escritor que reside en la isla, imagina una fiesta *gay*, en un apartamento de la Habana Vieja, como alegoría de un carnaval de la diferencia, en el que conviven los nuevos actores de la sociedad cubana de fin de siglo:

> Y el Conde supo que en aquella sala de la Habana Vieja había, como primera evidencia, hombres y mujeres, diferenciables además por ser: militantes del sexo libre, de la nostalgia y de partidos rojos, verdes y amarillos; ex-dramaturgos sin obra y con obra, y escritores con ex-libris nunca estampados; maricones de todas las categorías y filiaciones: locas —de carroza con luces y de la tendencia pervertida—, gansitos sin suerte, cazadores expertos en presas de alto vuelo, bugarrones por cuenta propia de los que dan por culo a domicilio y van al campo si ponen caballo, almas desconsoladas sin consuelo y almas desconsoladas en busca de consuelo, sobadores clase A-1 con el hueco cosido por el temor al sida, y hasta aprendices recién matriculados en la Escuela Superior Pedagógica del homosexualismo...; ganadores de concurso de ballet, nacionales e internacionales; profetas del fin de los tiempos, la historia y la libreta de abastecimientos; nihilistas conversos al marxismo y marxistas convertidos a la mierda; resentidos de todas las especies:

---

[28] Juan Abreu, *A la sombra del mar. Jornadas cubanas con Reinaldo Arenas*. Barcelona: Editorial Casiopea, 1998, pp. 99-101.

[29] Michel Foucault, *op. cit.*, pp. 42-49.

sexuales, políticos, económicos, sicológicos, sociales, culturales, deportivos y electrónicos; practicantes del budismo zen, el catolicismo, la brujería, el vudú, el islamismo, la santería y un mormón y dos judíos; un pelotero del equipo Industriales que batea y tira a las dos manos; admiradores de Pablo Milanés y enemigos de Silvio Rodríguez; expertos como oráculos que sabían quién iba a ser el próximo Premio Nobel de Literatura como las intenciones secretas de Gorbachov, el último mancebo adoptado como sobrino por el Personaje Famoso de las Alturas, o el precio de la libra de café en Baracoa; solicitantes de visas temporales y definitivas; soñadoras y soñadores; hiperrealistas, abstractos y ex-realistas socialistas que abjuraban de su pasado estético; un latinista; repatriados y patriotas; expulsados de todos los sitios de los que alguien es expulsable; un ciego que veía; desengañados y engañadores, oportunistas y filósofos, feministas y optimistas; lezamianos —en franca mayoría—, virgilianos, carpenterianos, martianos y un fan de Antón Arrufat; cubanos y extranjeros; cantantes de boleros; criadores de perros de pelea; alcohólicos, siquiátricos, reumáticos y dogmáticos; traficantes de dólares; fumadores y no fumadores; y un heterosexual machista-estalinista.[30]

Aquí, como en aquella clasificación de los animales, según alguna «enciclopedia china», que cita Borges en *El idioma analítico de John Wilkins*, lo decisivo es la *taxinomia* y no la *mathesis*, la desagregación de la comunidad nacional en una microfísica civil y no la síntesis de los valores hegemónicos que determinan una identidad.[31] Al igual que Victoria, Padura proporciona, con su narrativa, todo un registro de nuevos actores que ejercen una política radical de la diferencia, encaminada a configurar el territorio de una ciudadanía históricamente inédita. Aunque ambos autores no tratan en sus novelas el tema de la diáspora, el hecho de que el campo literario cubano se disponga como lugar de inscripción para sujetos tan diferenciados es, al decir, de Ginzburg, un «signo indicial» de la constitución de ciudadanos postnacionales.[32]

---

[30] Leonardo Padura Fuentes, *Máscaras*. Barcelona: Tusquets, 1997, pp. 143-144.

[31] Michel Foucault, *op. cit.*, pp. 77-82.

[32] Carlo Ginzburg, *op. cit.*, p. 15.

Los sujetos emergentes de esa comunidad virtual figuran también en la representación literaria del éxodo. En los últimos años hemos visto cómo el arquetipo social del exiliado comienza a poblar las nuevas ficciones. En la ingeniosa novela *La piel y la máscara* de Jesús Díaz, el personaje de Lidia, que debe ser representado por la actriz Ana, es una inmigrante cubana en Nueva York que regresa por primera vez a la isla después de veinte años. El texto, que se asume como la reescritura de un guión y como las memorias de un rodaje, encara despiadadamente el dilema de la identidad nacional del exiliado. Ana, la habanera *new yorker*, es una figura doblemente ficticia, ya que es un personaje del guión y de la novela. Cuando el Oso, escritor y director del filme, quiere corregir el aspaviento de la actriz le dice: «más bajito, estás en un hospital y no eres exactamente cubana, vienes de Nueva York».[33]

El paso, a través de la ficción, de ese personaje del exilio, que no es «exactamente cubano», al personaje de la diáspora, que es, más bien, «demasiado cubano», puede ilustrarse con la novela *Café Nostalgia* de Zoé Valdés, que apareció un año después de *La piel y la máscara*. Aquí se narra la historia del desencuentro y el reencuentro de un grupo de amigos cubanos que ahora se hayan dispersos por el mundo: en Buenos Aires, Miami, Tenerife, México, Nueva York, la Habana y París.[34] En un momento de la novela, Zoé Valdés transcribe varios mensajes telefónicos que dejan sus amigos en la contestadora de Marcela, el personaje narrrador, que es un visible *alter ego* de la autora. Algunos dicen desde donde hablan, como si marcaran con puntos rojos el mapamundi de la diáspora: «sigo en Quito», «ando por Brasil», «en Nueva York todo bien», «te habla Oscar desde Néxico», «hace un tiempo estupendo en Tenerife»...[35] Sólo dos personajes no mencionan su lugar: Andro, que vive en Miami, y la madre, que vive en la Habana —¿será porque ambas ciudades son las zonas impronunciables del *adentro*?—.[36] Sin embargo, todos quieren darle a su amiga alguna noticia de Cuba, cifrando, así, la huella de un vínculo territorial en la memoria.

---

[33] Jesús Díaz, *La piel y la máscara*. Barcelona: Anagrama, 1996, p. 217.

[34] Zoé Valdés, *Café Nostalgia*. Barcelona: Planeta, 1997, pp. 21-25.

[35] *Ibid*, pp. 127-129.

[36] Ver Michel Foucault, *El pensamiento del afuera*. Valencia: Pretextos, 1997, pp. 7-14.

Esos personajes de *Café Nostalgia*, actores de una diáspora reciente que, como fragmentos a su imán, fijan en la evocación el horizonte de sus confluencias, son los mismos que Eliseo Alberto reproduce, en largas listas, al final de *Informe contra mí mismo*.[37] Ambos libros, dentro y fuera de la ficción, están atravesados por una política de la memoria muy similar: aquella que todavía patalea por preservar cierta fijeza simbólica de la nación en medio del frenesí centrífugo de los 90; sea a través de la nostalgia, del cinismo o de la disidencia. Aún así, el paso de una diáspora incómoda a una plena dislocación territorial puede ser tan breve que el propio Eliseo Alberto parece darlo en su novela *Caracol Beach*. Aquí el lugar mismo se ha convertido en una ficción postnacional, habitado por criaturas caprichosamente híbridas, que parecen sacadas de aquel sueño de la raza cósmica de don José Vasconcelos: militares hawainos retirados, pescadores haitianos blancos, jóvenes de la generación YUCA (*young urban cuban american*), veteranos de la guerra de Angola, cubano-americanos, chicanos, texanos, panameños, catalanes y hasta un *gay* armenio, dueño del exitoso restaurant *Los Mencheviques*.[38]

La misma estructura del relato taxonómico, que en Padura y en Victoria permite testificar la fragmentación del cosmos nacional en lugares menos fijos, donde habitan sujetos más móviles, le sirve a Eliseo Alberto para describir la antiutopía de la nacionalidad. Caracol Beach es esa «comunidad postnacional que viene», poblada de ciudadanos con orígenes diversos, identidades traslaticias y destinos electivos.[39] No se trata, en modo alguno, de la certeza de una prospección sociológica. El lado profético de la literatura le debe más a las insinuaciones del presente que a los escenarios del futuro. El filósofo inglés David Miller, quien ha escrito la más persuasiva defensa del nacionalismo a fines de este siglo, reconoce con lucidez que, aunque el principio de la nacionalidad no sufra una decadencia irreversible, eso que los modernos hemos llamado *nación*, durante casi doscientos años, será cada vez

---

[37] Eliseo Alberto, *Informe contra mí mismo*. México: Alfaguara, 1997, pp. 178-287.

[38] Eliseo Alberto, *Caracol Beach*. Madrid: Alfaguara, 1998, pp. 337-357.

[39] Ver Engin F. Isin, «Who is the New Citizen? Towards a Genealogy», en *Citizenship Studies*. Carfax Publishing Company, Vol. 1, Number 1, 1997, pp. 115-132.

más parecido a una miniatura del mundo.⁴⁰ De ahí que los indicios literarios de una ciudadanía postnacional en Cuba tal vez no sean más que el vislumbre, acaso fallido, de una nación sin nacionalismo.

---

⁴⁰ David Miller, *Sobre la nacionalidad*. Barcelona: Paidós, 1997, pp. 223-237.

Otros libros publicados en la
COLECCIÓN FÉLIX VARELA
(Obras de pensamiento cristiano y cubano)

- ❶ 815-2 MEMORIAS DE JESÚS DE NAZARET, José Paulos
- ❷ 833-0 CUBA: HISTORIA DE LA EDUCACIÓN CATÓLICA 1582-1961 (2 vols.), Teresa Fernández Soneira
- ❸ 842-X EL HABANERO, Félix Varela (con un estudio de José M. Hernández e introducción por Mons. Agustín Román
- ❹ 867-5 MENSAJERO DE LA PAZ Y LA ESPERANZA (Visita de Su Santidad Juan Pablo II a Cuba)
- ❺ 871-3 LA SONRISA DISIDENTE (Itinerario de una conversión), Dora Amador
- ❻ 885-3 MI CRUZ LLENA DE ROSAS (Cartas a Sandra, mi hija enferma), Xiomara J. Pagés
- ❼ 888-8 UNA PIZCA DE SAL I, Xiomara J. Pagés
- ❽ 892-6 SECTAS, CULTOS Y SINCRETISMOS, Juan J. Sosa
- ❾ 897-7 LA NACIÓN CUBANA: ESENCIA Y EXISTENCIA, Instituto Jacques Maritain de Cuba

COLECCIÓN CUBA Y SUS JUECES
(libros de historia y política publicados por EDICIONES UNIVERSAL):

0359-6	CUBA EN 1830, Jorge J. Beato & Miguel F. Garrido
044-5	LA AGRICULTURA CUBANA (1934-1966), Oscar A. Echevarría Salvat
045-3	LA AYUDA CUBANA A LA LUCHA POR LA INDEPENDENCIA NORTEAMERICANA, Eduardo J. Tejera
046-1	CUBA Y LA CASA DE AUSTRIA, Nicasio Silverio Saínz
047-X	CUBA, UNA ISLA QUE CUBRIERON DE SANGRE, Enrique Cazade
048-8	CUBA, CONCIENCIA Y REVOLUCIÓN, Luis Aguilar León
049-6	TRES VIDAS PARALELAS, Nicasio Silverio Saínz
051-8	RAÍCES DEL ALMA CUBANA, Florinda Alzaga
0-6	MÁXIMO GÓMEZ ¿CAUDILLO O DICTADOR?, Florencio García Cisneros
118-2	EL ARTE EN CUBA, Martha de Castro
119-0	JALONES DE GLORIA MAMBISA, Juan J.E. Casasús
123-9	HISTORIA DEL PARTIDO COMUNISTA DE CUBA, Jorge García Montes y Antonio Alonso Avila
131-X	EN LA CUBA DE CASTRO (APUNTES DE UN TESTIGO), Nicasio Silverio Saínz
1336-2	ANTECEDENTES DESCONOCIDOS DEL 9 DE ABRIL Y LOS PROFETAS DE LA MENTIRA, Ángel Aparicio Laurencio
136-0	EL CASO PADILLA: LITERATURA Y REVOLUCIÓN EN CUBA Lourdes Casal
139-5	JOAQUÍN ALBARRÁN, ENSAYO BIOGRÁFICO, Raoul García
157-3	VIAJANDO POR LA CUBA QUE FUE LIBRE, Josefina Inclán
165-4	VIDAS CUBANAS - CUBAN LIVES.- VOL. I., José Ignacio Lasaga
205-7	VIGENCIA POLÍTICA Y LITERARIA DE MARTÍN MORÚA DELGADO, Aleyda T. Portuondo
205-7	CUBA, TODOS CULPABLES, Raul Acosta Rubio
207-3	MEMORIAS DE UN DESMEMORIADO-LEÑA PARA EL FUEGO DE LA HISTORIA DE CUBA, José R. García Pedrosa
211-1	HOMENAJE A FÉLIX VARELA, Sociedad Cubana de Filosofía
212-X	EL OJO DEL CICLÓN, Carlos Alberto Montaner
220-0	ÍNDICE DE LOS DOCUMENTOS Y MANUSCRITOS DELMONTINOS, Enildo A. García
240-5	AMÉRICA EN EL HORIZONTE. UNA PERSPECTIVA CULTURAL, Ernesto Ardura
243-X	LOS ESCLAVOS Y LA VIRGEN DEL COBRE, Leví Marrero
262-6	NOBLES MEMORIAS, Manuel Sanguily
274-X	JACQUES MARITAIN Y LA DEMOCRACIA CRISTIANA, José Ignacio Rasco
283-9	CUBA ENTRE DOS EXTREMOS, Alberto Muller
298-7	CRITICA AL PODER POLÍTICO, Carlos M. Méndez
293-6	HISTORIA DE LA ODONTOLOGÍA EN CUBA. VOL.I: (1492-1898), César A. Mena
310-X	HISTORIA DE LA ODONTOLOGÍA EN CUBA VOL.II: (1899-1940), César A. Mena
311-8	HISTORIA DE LA ODONTOLOGÍA EN CUBA VOL.III:(1940-1958), César A. Mena
344-4	HISTORIA DE LA ODONTOLOGÍA EN CUBA VOL IV:(1959-1983), César A. Mena

3122-0	RELIGIÓN Y POLÍTICA EN LA CUBA DEL SIGLO XIX (EL OBISPO ESPADA), Miguel Figueroa y Miranda
313-4	EL MANIFIESTO DEMÓCRATA, Carlos M. Méndez
314-2	UNA NOTA DE DERECHO PENAL, Eduardo de Acha
319-3	MARTÍ EN LOS CAMPOS DE CUBA LIBRE, Rafael Lubián
320-7	LA HABANA, Mercedes Santa Cruz (Condesa de Merlín)
328-2	OCHO AÑOS DE LUCHA - MEMORIAS, Gerardo Machado y Morales
340-1	PESIMISMO, Eduardo de Acha
347-9	EL PADRE VARELA. BIOGRAFÍA DEL FORJADOR DE LA CONCIENCIA CUBANA, Antonio Hernández-Travieso
353-3	LA GUERRA DE MARTÍ (LA LUCHA DE LOS CUBANOS POR LA INDEPENDENCIA), Pedro Roig
354-1	EN LA REVOLUCIÓN DE MARTÍ, Rafael Lubián y Arias
358-4	EPISODIOS DE LAS GUERRAS POR LA INDEPENDENCIA DE CUBA, Rafael Lubián y Arias
361-4	EL MAGNETISMO DE JOSÉ MARTÍ, Fidel Aguirre
364-9	MARXISMO Y DERECHO, Eduardo de Acha
367-3	¿HACIA DONDE VAMOS? (RADIOGRAFÍA DEL PRESENTE CUBANO), Tulio Díaz Rivera
368-1	LAS PALMAS YA NO SON VERDES (ANÁLISIS Y TESTIMONIOS DE LA TRAGEDIA CUBANA), Juan Efe Noya
374-6	GRAU: ESTADISTA Y POLÍTICO (Cincuenta años de la Historia de Cuba), Antonio Lancís
376-2	CINCUENTA AÑOS DE PERIODISMO, Francisco Meluzá Otero
379-7	HISTORIA DE FAMILIAS CUBANAS (VOLS.I-VI) Francisco Xavier de Santa Cruz y Mallén
380-0	HISTORIA DE FAMILIAS CUBANAS. VOL. VII, Francisco Xavier de Santa Cruz y Mallén
408-4	HISTORIA DE FAMILIAS CUBANAS. VOL. VIII, Francisco Xavier de Santa Cruz y Mallén
409-2	HISTORIA DE FAMILIAS CUBANAS. VOL. IX, Francisco Xavier de Santa Cruz y Mallén
383-5	CUBA: DESTINY AS CHOICE, Wifredo del Prado
387-8	UN AZUL DESESPERADO, Tula Martí
392-4	CALENDARIO MANUAL Y GUÍA DE FORASTEROS DE LA ISLA DE CUBA
393-2	LA GRAN MENTIRA, Ricardo Adám y Silva
403-3	APUNTES PARA LA HISTORIA. RADIO, TELEVISIÓN Y FARÁNDULA DE LA CUBA DE AYER..., Enrique C. Betancourt
407-6	VIDAS CUBANAS II/CUBAN LIVES II, José Ignacio Lasaga
411-4	LOS ABUELOS: HISTORIA ORAL CUBANA, José B. Fernández
413-0	ELEMENTOS DE HISTORIA DE CUBA, Rolando Espinosa
414-9	SÍMBOLOS - FECHAS - BIOGRAFÍAS, Rolando Espinosa
418-1	HECHOS Y LIGITIMIDADES CUBANAS. UN PLANTEAMIENTO Tulio Díaz Rivera
425-4	A LA INGERENCIA EXTRAÑA LA VIRTUD DOMÉSTICA (biografía de Manuel Márquez Sterling), Carlos Márquez Sterling
426-2	BIOGRAFÍA DE UNA EMOCIÓN POPULAR: EL DR. GRAU Miguel Hernández-Bauzá
428-9	THE EVOLUTION OF THE CUBAN MILITARY (1492-1986), Rafael Fermoselle
431-9	MIS RELACIONES CON MÁXIMO GÓMEZ, Orestes Ferrara

436-X	ALGUNOS ANÁLISIS (EL TERRORISMO. DERECHO INTERNACIONAL), Eduardo de Acha
437-8	HISTORIA DE MI VIDA, Agustín Castellanos
443-2	EN POS DE LA DEMOCRACIA ECONÓMICA, Varios
450-5	VARIACIONES EN TORNO A DIOS, EL TIEMPO, LA MUERTE Y OTROS TEMAS, Octavio R. Costa
451-3	LA ULTIMA NOCHE QUE PASE CONTIGO (40 AÑOS DE FARÁNDULA CUBANA/1910-1959), Bobby Collazo
458-0	CUBA: LITERATURA CLANDESTINA, José Carreño
459-9	50 TESTIMONIOS URGENTES, José Carreño y otros
461-0	HISPANIDAD Y CUBANIDAD, José Ignacio Rasco
466-1	CUBAN LEADERSHIP AFTER CASTRO, Rafael Fermoselle
479-3	HABLA EL CORONEL ORLANDO PIEDRA, Daniel Efraín Raimundo
483-1	JOSÉ ANTONIO SACO, Anita Arroyo
490-4	HISTORIOLOGÍA CUBANA I (1492-1998), José Duarte Oropesa
2580-8	HISTORIOLOGÍA CUBANA II (1998-1944), José Duarte Oropesa
2582-4	HISTORIOLOGÍA CUBANA III (1944-1959), José Duarte Oropesa
502-1	MAS ALLÁ DE MIS FUERZAS, William Arbelo
508-0	LA REVOLUCIÓN, Eduardo de Acha
510-2	GENEALOGÍA, HERÁLDICA E HISTORIA DE NUESTRAS FAMILIAS, Fernando R. de Castro y de Cárdenas
514-5	EL LEÓN DE SANTA RITA, Florencio García Cisneros
516-1	EL PERFIL PASTORAL DE FÉLIX VARELA, Felipe J. Estévez
518-8	CUBA Y SU DESTINO HISTÓRICO. Ernesto Ardura
520-X	APUNTES DESDE EL DESTIERRO, Teresa Fernández Soneira
524-2	OPERACIÓN ESTRELLA, Melvin Mañón
532-3	MANUEL SANGUILY. HISTORIA DE UN CIUDADANO, Octavio R. Costa
538-2	DESPUÉS DEL SILENCIO, Fray Miguel Angel Loredo
540-4	FUSILADOS, Eduardo de Acha
551-X	¿QUIEN MANDA EN CUBA? LAS ESTRUCTURAS DE PODER. LA ÉLITE., Manuel Sánchez Pérez
553-6	EL TRABAJADOR CUBANO EN EL ESTADO DE OBREROS Y CAMPESINOS, Efrén Córdova
558-7	JOSÉ ANTONIO SACO Y LA CUBA DE HOY, Ángel Aparicio
'7886-3	MEMORIAS DE CUBA, Oscar de San Emilio
566-8	SIN TIEMPO NI DISTANCIA, Isabel Rodríguez
569-2	ELENA MEDEROS (UNA MUJER CON PERFIL PARA LA HISTORIA), María Luisa Guerrero
577-3	ENRIQUE JOSÉ VARONA Y CUBA, José Sánchez Boudy
586-2	SEIS DÍAS DE NOVIEMBRE, Byron Miguel
588-9	CONVICTO, Francisco Navarrete
589-7	DE EMBAJADORA A PRISIONERA POLÍTICA: ALBERTINA O'FARRILL, Víctor Pino Llerovi
590-0	REFLEXIONES SOBRE CUBA Y SU FUTURO, Luis Aguilar León
592-7	DOS FIGURAS CUBANAS Y UNA SOLA ACTITUD, Rosario Rexach
598-6	II ANTOLOGÍA DE INSTANTÁNEAS, Octavio R. Costa
600-1	DON PEPE MORA Y SU FAMILIA, Octavio R. Costa
603-6	DISCURSOS BREVES, Eduardo de Acha
606-0	LA CRISIS DE LA ALTA CULTURA EN CUBA - INDAGACIÓN DEL CHOTEO, Jorge Mañach (Ed. de Rosario Rexach)

08-7	VIDA Y MILAGROS DE LA FARÁNDULA DE CUBA, Rosendo Rosell
17-6	EL PODER JUDICIAL EN CUBA, Vicente Viñuela
20-6	TODOS SOMOS CULPABLES, Guillermo de Zéndegui
21-4	LUCHA OBRERA DE CUBA, Efrén Naranjo
23-0	HISTORIOLOGÍA CUBANA IV, José Duarte Oropesa
24-9	HISTORIA DE LA MEDICINA EN CUBA I: HOSPITALES Y CENTROS BENÉFICOS EN CUBA COLONIAL, César A. Mena y Armando F. Cobelo
26-5	LA MÁSCARA Y EL MARAÑÓN (LA IDENTIDAD NACIONAL CUBANA), Lucrecia Artalejo
39-7	EL HOMBRE MEDIO, Eduardo de Acha
44-3	LA ÚNICA RECONCILIACIÓN NACIONAL ES LA RECONCILIACIÓN CON LA LEY, José Sánchez-Boudy
45-1	FÉLIX VARELA: ANÁLISIS DE SUS IDEAS POLÍTICAS, Juan P. Esteve
46-X	HISTORIA DE LA MEDICINA EN CUBA II, César A. Mena y Armando A. Cobelo
47-8	REFLEXIONES SOBRE CUBA Y SU FUTURO, (segunda edición corregida y aumentada), Luis Aguilar León
48-6	DEMOCRACIA INTEGRAL, Instituto de Solidaridad Cristiana
52-4	ANTIRREFLEXIONES, Juan Alborná-Salado
64-8	UN PASO AL FRENTE, Eduardo de Acha
68-0	VIDA Y MILAGROS DE LA FARÁNDULA DE CUBA II, Rosendo Rosell
23-0	HISTORIOLOGÍA CUBANA IV, José Duarte Oropesa
46-X	HISTORIA DE LA MEDICINA EN CUBA II, César A. Mena
76-1	EL CAIMÁN ANTE EL ESPEJO (Un ensayo de interpretación de lo cubano), Uva de Aragón Clavijo
77-5	HISTORIOLOGÍA CUBANA V, José Duarte Oropesa
79-6	LOS SEIS GRANDES ERRORES DE MARTÍ, Daniel Román
80-X	¿POR QUÉ FRACASÓ LA DEMOCRACIA EN CUBA?, Luis Fernández-Caubí
82-6	IMAGEN Y TRAYECTORIA DEL CUBANO EN LA HISTORIA I (1492-1902), Octavio R. Costa
83-4	IMAGEN Y TRAYECTORIA DEL CUBANO EN LA HISTORIA II (1902-1959), Octavio R. Costa
84-2	LOS DIEZ LIBROS FUNDAMENTALES DE CUBA (UNA ENCUESTA), Armando Álvarez-Bravo
86-9	HISTORIA DE LA MEDICINA EN CUBA III, César A. Mena
89-3	A CUBA LE TOCÓ PERDER, Justo Carrillo
90-7	CUBA Y SU CULTURA, Raúl M. Shelton
02-4	NI CAÍDA, NI CAMBIOS, Eduardo de Acha
03-2	MÚSICA CUBANA: DEL AREYTO A LA NUEVA TROVA, Cristóbal Díaz Ayala
06-7	BLAS HERNÁNDEZ Y LA REVOLUCIÓN CUBANA DE 1933, Ángel Aparicio
13-X	DISIDENCIA, Ariel Hidalgo
15-6	MEMORIAS DE UN TAQUÍGRAFO, Angel V. Fernández
16-4	EL ESTADO DE DERECHO, Eduardo de Acha
18-0	CUBA POR DENTRO (EL MININT), Juan Antonio Rodríguez Menier
19-9	DETRÁS DEL GENERALÍSIMO (Biografía de Bernarda Toro de Gómez «Manana»), Ena Curnow
21-0	CUBA CANTA Y BAILA (Discografía cubana), Cristóbal Díaz Ayala
23-7	YO, EL MEJOR DE TODOS (Biografía no autorizada del Che Guevara), Roberto Luque Escalona
27-X	MEMORIAS DEL PRIMER CONGRESO PRESIDIO POLÍTICO CUBANO, Manuel Pozo

730-X	CUBA: JUSTICIA Y TERROR, Luis Fernández-Caubí
737-7	CHISTES DE CUBA, Arly
738-5	PLAYA GIRÓN: LA HISTORIA VERDADERA, Enrique Ros
739-3	FILOSOFÍA DEL CUBANO Y DE LO CUBANO, José Sánchez-Boudy
740-7	CUBA: VIAJE AL PASADO, Roberto A. Solera
743-1	MARTA ABREU, UNA MUJER COMPRENDIDA, Pánfilo D. Camacho
745-8	CUBA: ENTRE LA INDEPENDENCIA Y LA LIBERTAD, Armando P. Ribas
746-8	A LA OFENSIVA, Eduardo de Acha
747-4	LA HONDA DE DAVID, Mario Llerena
752-0	24 DE FEBRERO DE 1895: LA FECHA-LAS RAÍCES-LOS HOMBRES, Jorge Castellanos
753-9	CUBA ARQUITECTURA Y URBANISMO, Felipe J. Préstamo
754-7	VIDA Y MILÁGROS DE LA FARÁNDULA DE CUBA III, Rosendo Rosell
756-3	LA SANGRE DE SANTA ÁGUEDA(ANGIOLILLO-BETANCES-CÁNOVAS),Frank Fernández
760-1	ASÍ ERA CUBA (COMO HABLÁBAMOS, SENTÍAMOS Y ACTUÁBAMOS), Daniel Román
765-2	CLASE TRABAJADORA Y MOVIMIENTO SINDICAL EN CUBA I(1819-1959), Efrén Córdova
766-0	CLASE TRABAJADORA Y MOVIMIENTO SINDICAL EN CUBA II (1959-1996), Efrén Córdova
768-7	LA INOCENCIA DE LOS BALSEROS, Eduardo de Acha
773-3	DE GIRÓN A LA CRISIS DE LOS COHETES: LA SEGUNDA DERROTA, Enrique Ros
779-2	ALPHA 66 Y SU HISTÓRICA TAREA, Miguel L. Talleda
786-5	POR LA LIBERTAD DE CUBA (RESISTENCIA, EXILIO Y REGRESO), Néstor Carbonell Cortina
792-X	CRONOLOGÍA MARTIANA, Delfín Rodríguez Silva
794-6	CUBA HOY (la lenta muerte del castrismo), Carlos Alberto Montaner
795-4	LA LOCURA DE FIDEL CASTRO, Gustavo Adolfo Marín
796-2	MI INFANCIA EN CUBA: LO VISTO Y LO VIVIDO POR UNA NIÑA CUBANA DE DOCE AÑOS, Cosette Alves Carballosa
798-9	APUNTES SOBRE LA NACIONALIDAD CUBANA, Luis Fernández-Caubí
803-9	AMANECER. HISTORIAS DEL CLANDESTINAJE (LA LUCHA DE LA RESISTENCIA CONTRA CASTRO DENTRO DE CUBA, Rafael A. Aguirre Rencurrell
804-7	EL CARÁCTER CUBANO (Apuntes para un ensayo de Psicología Social), Calixto Masó y Vázquez
805-5	MODESTO M. MORA, M.D. LA GESTA DE UN MÉDICO, Octavio R. Costa
808-X	RAZÓN Y PASÍON (Veinticinco años de estudios cubanos), Instituto de Estudios Cubanos
814-4	AÑOS CRÍTICOS: DEL CAMINO DE LA ACCIÓN AL CAMINO DEL ENTENDIMIENTO, Enrique Ros
820-9	VIDA Y MILAGROS DE LA FARÁNDULA CUBANA. Tomo IV, Rosendo Rosell
823-3	JOSÉ VARELA ZEQUEIRA (1854-1939); SU OBRA CIENTÍFICO-LITERARIA, Beatriz Varela

828-4	BALSEROS: HISTORIA ORAL DEL ÉXODO CUBANO DEL '94 / ORAL HISTORY OF THE CUBAN EXODUS OF '94, Felicia Guerra y Tamara Álvarez-Detrell
831-4	CONVERSANDO CON UN MÁRTIR CUBANO: CARLOS GONZÁLEZ VIDAL, Mario Pombo Matamoros
832-2	TODO TIENE SU TIEMPO, Luis Aguilar León
838-1	8-A: LA REALIDAD INVISIBLE, Orlando Jiménez-Leal
840-3	HISTORIA ÍNTIMA DE LA REVOLUCIÓN CUBANA, Ángel Pérez Vidal
841-1	VIDA Y MILAGROS DE LA FARÁNDULA CUBANA / Tomo V, Rosendo Rosell
848-9	PÁGINAS CUBANAS tomo I, Hortensia Ruiz del Vizo
849-7	PÁGINAS CUBANAS tomo II, Hortensia Ruiz del Vizo
851-2	APUNTES DOCUMENTADOS DE LA LUCHA POR LA LIBERTAD DE CUBA, Alberto Gutiérrez de la Solana
860-8	VIAJEROS EN CUBA (1800-1850), Otto Olivera
861-6	GOBIERNO DEL PUEBLO: OPCIÓN PARA UN NUEVO SIGLO, Gerardo E. Martínez-Solanas
862-4	UNA FAMILIA HABANERA, Eloísa Lezama Lima
866-7	NATUMALEZA CUBANA, Carlos Wotzkow
868-3	CUBANOS COMBATIENTES: peleando en distintos frentes, Enrique Ros
869-1	QUE LA PATRIA SE SIENTA ORGULLOSA (Memorias de una lucha sin fin), Waldo de Castroverde
870-5	EL CASO CEA: intelectuales e inquisodres en Cuba ¿Perestroika en la Isla?, Manurizio Giuliano
874-8	POR AMOR AL ARTE (Memorias de un teatrista cubano 1940-1970), Francisco Morín
875-6	HISTORIA DE CUBA, Calixto C. Masó Nueva edición al cuidado de Leonel de la Cuesta, ampliada con índices y cronología de la historia de Cuba hasta 1992.
876-4	CUBANOS DE DOS SIGLOS: XIX y XX. ENSAYISTAS y CRÍTICOS, Elio Alba Buffill
880-2	ANTONIO MACEO GRAJALES: EL TITÁN DE BRONCE, José Mármol
882-9	EN TORNO A LA CUBANÍA (estudios sobre la idiosincrasia cubana), Ana María Alvarado
886-1	ISLA SIN FIN (Contribución a la crítica del nacionalismo cubano), Rafael Rojas

www.ingramcontent.com/pod-product-compliance
Lightning Source LLC
Chambersburg PA
CBHW031425290426
44110CB00011B/531